本书系西藏文化传承发展协同创新中心招标课题一般项目"西藏数字乡村建
设模式研究"（项目编号：XT-ZB202209）与"西藏文化产业赋能乡村
机理和路径研究"（项目编号：XT-ZB202207），西藏大学学科
字经济交叉学科培育项目"（项目编号：00060867-16），2021年国家
学西部项目"铸牢中华民族共同体意识背景下推动西藏文化和旅游
径研究"（项目编号：21EH218）的阶段性成果。

师晓娟　孔少华 ◎ 著

Research on Digital Economy Promoting
Cultural Governance Innovation

数字经济推动文化治理创新研究

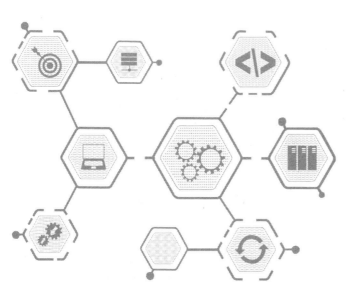

经济管理出版社
ECONOMY & MANAGEMENT PUBLISHING HOUSE

图书在版编目（CIP）数据

数字经济推动文化治理创新研究/师晓娟，孔少华著 .—北京：经济管理出版社，2022.10

ISBN 978-7-5096-8759-8

Ⅰ.①数… Ⅱ.①师… ②孔… Ⅲ.①信息经济—关系—文化管理—研究—中国 Ⅳ.①G123

中国版本图书馆 CIP 数据核字（2022）第 186983 号

组稿编辑：郭丽娟
责任编辑：乔倩颖
责任印制：黄章平
责任校对：蔡晓臻

出版发行：经济管理出版社
（北京市海淀区北蜂窝 8 号中雅大厦 A 座 11 层　100038）
网　　址：www.E-mp.com.cn
电　　话：（010）51915602
印　　刷：唐山玺诚印务有限公司
经　　销：新华书店
开　　本：720mm×1000mm/16
印　　张：9
字　　数：124 千字
版　　次：2022 年 12 月第 1 版　2022 年 12 月第 1 次印刷
书　　号：ISBN 978-7-5096-8759-8
定　　价：88.00 元

序

党的十九大以来，党中央、国务院对"实施国家大数据战略，构建以数据为关键要素的数字经济，加快建设数字中国"等工作作出重大战略部署。随着大数据、物联网、云计算、人工智能、区块链等新一代信息技术应用的不断深入，政府的治理方式也随之发生变化，同时助推了文化治理的现代化。数字技术推陈出新，应用潜能不断被激发，数字经济正经历高速增长、迅速迭代、快速创新，并广泛渗透到其他经济领域，深刻改变了世界经济的运行方式，重塑文化治理格局。

数字经济是以使用数字化的知识和信息作为关键生产要素、以现代信息网络作为重要载体、以信息通信技术的有效使用作为效率提升和经济结构优化的重要推动力的一系列经济活动。它以数字化的知识和信息作为关键生产要素，以数字技术为核心驱动力，以现代信息网络为重要载体，通过数字技术与实体经济深度融合，不断提高数字化、网络化、智能化水平，加速重构经济发展与治理模式的一种新型经济形态。本书以数字经济为背景，研究数字经济对文化治理创新的影响，紧紧围绕数字经济与文化治理创新的融合，梳理了数字经济的基本特征，深刻研究了数字经济对文化内容生产和文化消费需求的改变以及促进文化业态的创新和文化管理的变革。同时，从文化体制、文化事业和文化产业这三个方面来探索推进文化治理现代化的基本思路，系统分析了"政府主导、多元协调"下数字文化创意产业的治理模式和文化数字资产的管理框架，并从文化治理理念、文化治理人才、文化治理技术、文化内容生产以及公共文化服务能力五个方面提出了对策建议。

"明者因时而变，知者随事而制。"数字经济已经成为当今社会经济发展的强力助推剂，人们每时每刻都在享受数字经济给生活带来的便利。总之，数字经济推动了人类经济形态由工业经济向"信息经济—知识经济—智慧经济"转变，极大地降低了社会交易成本，提高了资源优化配置效率，提升了产品、企业、产业的附加值，推动了社会生产力的快速发展，为充分发挥发展中国家的后发优势提供了技术基础。本书强调数字经济赋能文化治理创新，为探讨文化治理现代化提供了技术支撑，对文化业态创新、文化数字资产等相关研究提供了新的研究视角。我认为，本书对数字经济与文化治理创新融合具有比较深入的研究和独到的见解，希望各位热心的读者能够与作者一起探讨数字经济在文化治理领域的应用问题。

是为序。

魏鹏举

2022 年 7 月 29 日

目　录

第一章　数字经济概述

第一节　数字经济基本概念

时任美国总统科技事务助理尼尔·莱恩（Neal Lane，1999）将数字经济界定为"互联网技术所引发的电子商务和组织变革"[①]，美国商务部（USDC，1999）在年度报告中提出，数字经济是"建筑在互联网技术基础之上的电子商务、数字商品和服务，以及有形商品的销售"[②]。澳大利亚宽带通信与数字经济部（DBCBE，2013）在报告中则将数字经济定义为"由互联网、移动网络等数字技术赋能的经济和社会活动"。经济合作发展组织（OECD，2016）进一步拓宽了数字经济的含义，认为数字经济涵盖物联网、大数据、云计算等新技术，以及在此之上衍生出的经济活动和社会活动的全部。

国内对于数字经济的研究起步晚于西方，陈世清（2010）认为，作为经济学概念的数字经济是人类通过大数据（数字化的知识与信息）的识别—选择—过滤—存储—使用，引导、实现资源的快速优化配置与再生，实现经济

[①]　Neal Lane. Advancing the Digital Economy into the 21st Century ［J］. Information Systems Frontiers，1999，1（3）：317-320.

[②]　数字中国研究院. 新兴的数字经济：美国国家商务部最新年度报告 ［M］. 北京：中国友谊出版公司，1999.

高质量发展的经济形态。① 党的十九届四中全会提出"健全劳动、资本、土地、知识、技术、管理、数据等生产要素由市场评价贡献、按贡献决定报酬的机制",明确了数据作为参与分配的生产要素之一的地位,数字经济的概念也进一步得到各界的重视和研究。陈永伟(2020)将数字经济划分为三个层次:核心层次为用来生产和制造技术的数字(IT/ICT)部门所在,以技术基础为表现;第二层次为由数字经济所创造的各类新兴经济部门;包含数字化要素的传统经济活动则是第三层次,单一经济形式可能会同时涉及多个层次。②

2016 年《二十国集团数字经济发展与合作倡议》给出了关于数字经济的明确定义,该倡议认为数字经济是指以使用数字化的知识和信息作为关键生产要素、以现代信息网络作为重要载体、以信息通信技术的有效使用作为效率提升和经济结构优化的重要推动力的一系列经济活动。③ 2021 年 5 月 27 日,国家统计局公布实施的《数字经济及其核心产业统计分类(2021)》,对数字经济的基本范围做出了更具可操作性的定义,明确了数字经济包含"数字产业化"和"产业数字化"两个方面,将其分为数字产品制造业、数字产品服务业、数字技术应用业、数字要素驱动业、数字化效率提升业共 5 大类,前 4 大类为"数字产业化"部分,作为数字经济核心产业,为产业数字化发展提供数字技术、产品、服务、基础设施和解决方案,是数字经济发展的基础。第 5 大类为"产业数字化"部分,涵盖各类数字化应用场景,体现了数字技术已经且将进一步与国民经济各行业产生深度渗透并广泛融合。④

① 陈世清. 对称经济学 [M]. 北京:中国时代经济出版社,2010.
② 陈永伟. 如何发展数字经济?[EB/OL].(2020-01-05)[2022-02-22]. https://xueqiu.com/8952115082/138701719.
③ 二十国集团. 二十国集团数字经济发展与合作倡议 [EB/OL].(2016-09-20)[2022-02-22]. http://www.g20chn.org/hywj/dncgwj/201609/t20160920_3474.html.
④ 国家统计局. 数字经济及其核心产业统计分类(2021)[EB/OL].(2021-05-27)[2022-02-22]. http://www.gov.cn/gongbao/content/2021/content_5625996.htm.

数字经济的发展对人类经济社会产生了巨大的影响，正在改变生产力和生产关系，这些也成为很多学者的关注点。平新乔（2022）提出，应高度关注数字经济时代的收入分配问题，努力设计出实现数字经济时代共同富裕的机制，充分释放数字经济新动能。由于数字经济的核心资产数据具有非竞争性和排他性，既有可能通过规模经济实现共同富裕，又有可能受到独占数据资产利润的平台垄断者阻碍。要平衡好数据基本性质所带来的矛盾，就要从顶层设计出发，通过相关体制机制激活数字经济活力，避免垄断发生；同时让作为数据提供者的消费者与消费平台分享收益，实现高质量发展建设。①

　　综上所述，本书对数字经济的定义采取 2016 年 G20 杭州峰会与 2020 年中国信息通信研究院的相关阐述：数字经济是指以使用数字化的知识和信息作为关键生产要素、以现代信息网络作为重要载体、以信息通信技术的有效使用作为效率提升和经济结构优化的重要推动力的一系列经济活动。它是以数字化的知识和信息作为关键生产要素，以数字技术为核心驱动力，以现代信息网络为重要载体，通过数字技术与实体经济深度融合，不断提高数字化、网络化、智能化水平，加速重构经济发展与治理模式的一种新型经济形态。

第二节　信息经济、网络经济与数字经济

　　为了进一步厘清数字经济的概念及其内涵，需要对"信息经济""网络经济""数字经济"三个概念进行分析。信息经济、网络经济和数字经济三个名词各有区别，又相互叠加、互相联系，共同作为新时代数字化领域的重点研究话题。本书认为信息经济、网络经济、数字经济是指向同一对象三个发展时期的不同概念：信息经济，对应数字经济发展 1.0 时期；网络经济，

---

① 章忻．发挥优势推进共同富裕示范区建设［N］．浙江日报，2022-03-17（004）．

对应数字经济发展 2.0 时期；数字经济，对应数字经济发展 3.0 时期。

一、信息经济

"信息经济"（Information Economy）概念的出现和发展是信息革命在经济领域拓展的成果，信息经济通过产业信息化和信息产业化两条途径发展壮大。对应的信息产业化和产业信息化信息经济学的研究也分为两条主线：弗里兹·马克卢普（Fritz Machlup，1973）和马克·尤里·波拉特（Marc Uri Porat，1977）创始的宏观信息经济学以统计数字与数量分析研究信息这一特殊商品的价值生产、流通利用和经济效益；乔治·斯蒂格勒（George Stigler，1961）和肯尼斯·约瑟夫·阿罗（Kenneth Joseph Arrow，1984）最早开始研究的微观信息经济学则从微观角度入手，研究信息的成本和价格，并提出用不完全信息理论来修正传统的市场模型中信息完全和确知的假设。关于信息经济的论述偏向宏观信息经济学领域，而信息经济学的研究更侧重于微观信息经济学领域。

"信息经济"概念最早由美国经济学家弗里兹·马克卢普（Fritz Machlup，1973）提出，最初他提到了"信息产业"这一术语，并在 1980 ~ 1983 年对研究内容进行了扩充。他认为信息产业包括教育、科学研究与开发、通讯媒介、信息设施和信息活动五个方面，并测算出 1958 年美国国民生产总值（GNP）中有 29% 来自信息产业，劳动者投入生产总值的 32% 以上源于信息生产和活动。此处的信息经济又被称为资讯经济、知识经济，是以现代信息技术等高科技为物质基础，信息产业起主导作用，基于信息、知识、智力等要素发展的一种新型经济，它强调了信息要素的重要性。[①]

美国社会学家丹尼尔·贝尔（Daniel Bell，1997）进一步拓展了"信息经济"的概念，他认为信息经济是社会不断发展变革的产物，发达国家已经

---

① Fritz Machlup. The Production and Distribution of Knowledge in the United States ［M］. Princeton：Princeton University Press，1973.

从前工业社会发展到工业社会，并最终会到达后工业社会阶段。前工业社会依靠原始的劳动力从自然界提取初级资源；工业社会围绕生产和机器轴心，为了制造商品而组织起来；而后工业社会则是围绕着知识组织起来的，经济结构已发生了重大变迁，由商品生产经济转向服务型经济，从而带动社会管理和指导的革新，产生新的社会关系和新的结构。①

受前者启发，美国经济学家马克·尤里·波拉特（Marc Uri Porat，1977）将经济划分为两个范畴，并给出了信息、信息资源、信息劳动、信息活动等一系列概念的定义。他把产业分为农业、工业、服务业和第四产业即信息业，并把信息部门分为第一信息部门和第二信息部门：第一信息部门是由向市场提供信息产品和信息服务的企业所组成的部门，第二信息部门是由政府和提供信息服务与信息活动的非信息企业组成的部门。他用投入产出技术增值法，对美国信息经济的规模与结构做了详尽的统计测算和数量分析，完善了信息经济的概念、方法及测算体系。这一方法引起了美国商务部的重视，并在1981年被经济合作与发展组织（OECD）采纳，用来测算成员国信息经济发展程度。②

美国企业家保罗·霍肯（Paul Hawken，1993）提出，产品和劳务都包含物质和信息两种成分，在与"物质经济"相对应的"信息经济"中，信息成分大于物质成分的产品和劳务将占据市场主导地位。未来社会经济发展的趋势是物质经济向信息经济的过渡。在该模式中，企业"对社会负责"的意识是自我推动的，与利益最大化的市场原则相一致，而非受道德或规章约束。③

随着信息经济的发展，更多的学者参与相关研究，有人提出了"信息经

---

①　［美］丹尼尔·贝尔. 后工业社会的来临——对社会预测的一项探索［M］. 高铦等译. 北京：新华出版社，1997.

②　Marc Uri Porat. The Information Economy：Definition and Measurement［M］. United States，Washington，Superintendent of Documents，U. S. Government Printing Office，D. C. 20402（Stock No. 003-000-00512-7），1977.

③　［美］保罗·霍肯. 商业生态学：可持续发展的宣言［M］. 夏善晨等译. 上海：上海译文出版社，2007.

济学"的概念，美国经济学家雅各布·马尔沙克（Jacob Marschak，1959）提出"信息的价值是受它最满意使用所产出的利益支配"的观点，他认为信息论中的信息测度方法并不适用于经济信息范畴，信息经济学是研究如何选择对于决策者具有最大价值的信息系统的学科，[①] 即微观信息经济学。微观信息经济学主要研究非对称信息（Asymmetric Information）问题，非对称信息指在某些市场中，交易双方各自拥有的，其他人不知道的，与交易有关的信息，每个参与者拥有的信息并不相同。乔治·A. 阿克尔洛夫（George A. Akerlof，1970）的柠檬模型以旧车市场为例，对格雷欣法则（Gresham's Law）进行了说明，[②] 一般不对称信息问题可归结为"委托—代理"模型。博弈论学者约翰·查尔斯·海萨尼（John Charles Harsanyi，1975）通过贝叶斯—纳什均衡寻求最优契约或制度安排，使代理人吐露实情。[③] 之后，日本经济学家增田米二（1982）、美国经济学家罗伯特·D. 哈姆林（Robert D. Hamrin，1983）等学者的微观信息经济学著作相继问世，充分丰富和发展了现有信息经济学科的内容和含义。

以乌家培为代表的信息经济学者认为，宏观信息经济学的主要研究内容有以下几点：信息产业的产生与发展，以及其在国民经济中的地位与作用；有关信息市场的问题，如信息商品的价值与价格计算，市场主体行为的考察及市场容量的扩展等；信息商品的生产、交换、消费、分配规律，以及对信息资源有效配置问题的研究：国民经济的信息化问题，以及如何利用信息技术改造传统工农业，还有对以信息技术为主要研究对象的信息系统的研究等。

综上所述，信息与商品不尽相同，新兴的信息产业也有其特殊的运行规

---

① Jacob Marschak. Remarks on the Economics of Information［J］. Cowles Foundation Discussion Papers，1959（293）：70.

② George A. Akerlof. The Market for "Lemons"：Quality Uncertainty and the Market Mechanism［J］. The Quarterly Journal of Economics，1970，84（3）：488-500.

③ John Charles Harsanyi. The Tracing Procedure：A Bayesian Approach to Defining a Solution Forn-person Noncooperative Games［J］. Int J Game Theory，1975（4）：61-94.

律，但经济学界更关注微观信息经济学的发展动态，宏观信息经济学则更受到信息学者的重视，也正因如此，近年来将宏观信息经济学和微观信息经济学两者相结合开展的研究越发火热。信息经济作为数字经济发展的 1.0 形态，是以信息资源为基础，以信息技术为手段，通过生产知识密集型的信息产品和信息服务来把握经济增长、社会产出和劳动就业的一种经济结构，它与信息资源的开发利用进程相结合，全面扩展和加强了信息的功能。

二、网络经济

网络经济术语的最早提出者为约翰·弗劳尔（John Flower，1997）。美国著名未来学家、计算机科学家，麻省理工学院媒体实验室创办人尼古拉斯·尼葛洛庞帝（Nicholas Negroponte，1997）同年则提出了"数字化生存"的概念，网络经济的提出天然与生产生活联系在一起：人类生存于一个虚拟的生活空间内，应用数字技术从事信息传播、交流、学习、工作等活动，这就是数字化生存。比特（Byte）作为"信息的 DNA"正迅速取代原子成为人类社会的基本要素。网络经济的第一要素是在虚拟空间内进行不受时空限制的经济行为，经济活动的主客体及其之间的关系都是虚拟化的。[①]

美国新经济学家勒维斯（Lewis，1997）从边际效应的角度对网络经济进行定义，他认为网络经济是一种典型的非摩擦经济，传统经济以实物为基础，消费决定生产，需求决定供给；而非摩擦经济则以观念为基础，生产决定消费，供给决定需求，这充分体现了网络经济的边际效益递增性。[②] 美国经济学家卡尔·夏皮罗和哈尔·R. 范里安（Carl Shapiro 和 Hal R. Varian，2000）则认为，技术是不断更新的，但经济规律并不会随时代变化而改变，已有的经济规律对现在仍然适用。网络经济在发展过程中仍将会被新的经济摩擦所

---

① Nicholas Negroponte. Being Digital ［M］. Pennsylvania：Coronet Books，1996.
② ［美］T. G. 勒维斯. 非摩擦经济——网络时代的经济模式 ［M］. 卞正东等译. 南京：江苏人民出版社，1999.

困扰。①

美国得克萨斯大学电子商务研究中心（CREC，1999）从商品和服务及生产企业的角度对网络经济学进行定义：直接从互联网或与互联网相关的产品和服务中，获取全部或部分收入的企业所构成的经济。它包含四个部分：网络基础建设领域、网络基础应用领域、网络中介服务领域和网上商务活动。以色列经济学家奥兹·谢伊（Oz Shy，2002）以博弈论为分析工具，对有着网络结构的经济产业进行归类分析，认为网络经济是这些行业的经济活动，并提出网络经济产品区别于传统经济产品的四个特征，即互补性、兼容性、标准外部性、转移成本与锁定生产的规模经济性。此处网络经济学的研究重点已从基础设施产业的供给方转向提高网络价值的需求方，从基础设施产业的实体网络研究扩展到对虚拟网络的研究。②

随着网络发展，经济组织结构趋向扁平，处于网络两侧端点的生产者与消费者可以略去传统中介环节直接联系，从而显著降低了交易成本，提高了经济效益。姜奇平（1999）认为，网络经济是具有服务特征和信息技术支持的一种直接经济形式，生产和消费重新合二为一是经济发展水平高的社会化体现。网络经济将工业经济中迂回曲折的各种路径重新拉直，缩短中间环节，并在发展过程中不断突破传统流程模式，对信息流、物流、资本流之间的关系进行历史性重构，进而逐步完成对现有经济存量的重新分割和增量分配原则的初步构建。③

目前，我国对网络经济定义的著名阐释由经济学家乌家培教授（2001）提出：以计算机网络，特别是因特网为主要载体的网络经济学是一种高级的经济形态，从经济形态层面看，网络经济有别于传统的信息经济或知识经济

---

① ［美］卡尔·夏皮罗，［美］哈尔·R.范里安.信息规则：网络经济的策略指导［M］.张帆译.北京：中国人民大学出版社，2000.

② ［以］奥兹·谢伊.网络产业经济学［M］.张磊译.上海：上海财经大学出版社，2002.

③ 姜奇平.21世纪的网络经济［J］.广东金融电脑，1999（7）：11-15.

（包括游牧经济、农业经济和工业经济）；从产业发展层面来看，网络经济的发展与电子商务紧密相连；从企业营销、居民消费或投资层面来看，网络经济则是一个巨大的虚拟市场。[①]

网络经济（Network Economy）定义的核心是"网络"的概念，正是"网络"的特性导致经济规律的改变，从覆盖范围来看，互联网（internet）>因特网（Internet）>万维网（World Wide Web）。凡是能彼此通信的设备组成的网络就是互联网；而网络之间以标准 TCP/IP 协议族串联形成的庞大网络即因特网；万维网则是基于客户机/服务器方式的信息发现技术和超文本技术的综合。网络经济中的"网络"多指覆盖范围最大的互联网。从 1969 年美国的阿帕网（ARPANET）发展至今，互联网早已覆盖全世界，"互相连接在一起的网络"这一含义也借此得到实现。

与信息经济相似，网络经济（Network Economy）同样具有狭义和广义两个定义，狭义的网络经济（Internet Economy）指基于计算机网络基础，以现代信息技术为核心的新型经济活动形态，即互联网经济，它指信息和网络产业中的经济活动和经济问题。而广义上的网络经济则囊括了其他行业的网状运行体系，存在于新兴信息网络产业和信息化、网络化的传统产业的生产、流通和消费的全过程，是信息社会经济最集中、最概括的体现。

网络经济具有边际效益递增性：入网人数越多，搭建维护信息网络的平均成本和边际成本会随之递减，而总收益和边际收益会随入网人数增加而提升；信息使用的传递效应也使网络经济呈现边际收益递增的趋势。

网络经济具有自我膨胀性，突出表现为以下定律：摩尔定律（集成电路上可容纳的晶体管数目，约每隔 18 个月便会增加 1 倍，性能也将提升 1 倍）、梅特卡夫法则（网络经济的价值等于网络节点数的平方）、吉尔德定律（在可预见的未来，主干网带宽每 6 个月增加 1 倍，且每字节传输价格点无限趋

---

① 乌家培. 关于网络经济与经济治理的若干问题［J］. 当代财经，2001（7）：3-7，80.

近于 0）和达维多定律（企业要在市场中总是占据主导地位，就要主动淘汰自己现有的产品，通过率先创新制定行业标准）。这些定律是网络经济不同于其他经济的重要特征。

网络经济具有外部经济性，这符合马克思主义唯物辩证法的发展观，事物的发展总是波浪式前进、螺旋式上升的，信息的高度可分享性和几乎可以忽略不计的分享成本有利于自我增强的网络循环形成，从而在竞争中占据优势，抢占先机。出版人凯文·凯利（Kevin Kelly，2014）基于美国经济学家布莱恩·阿瑟（Brain Arthur，1996）的收益递增理论，更进一步以形成平台系统的硅谷为例，强调网络在企业竞争中的优势和作用，"一个电话系统的总价值属于各个电话公司及其资产的内部总价值之和，属于外部更大的电话网络本身"。他认为网络是"特别有效的外部价值资源"，"会鼓励成功者取得更大的成功"①。

综上所述，与 1.0 版本的信息经济相比，2.0 版本的网络经济更强调"网络"这一虚拟媒介的重要作用，随着社会的发展，经济活动获得了新的依托载体；比起分散化、碎片化、总量庞大的信息来说，网络更能发挥"网"的作用，将各个信息端点进行连接，从而确保信息传递、交流、交换等活动的顺畅发生。网络经济活动更少受到时间因素制约，信息的收集、处理和应用速度加快；空间因素对网络经济的制约程度也有所降低，网络经济的发展大大推动了经济全球化进程，世界各国相互依存程度进一步加强，信息技术浪潮在全球的稳步推进也有利于帮助线上的虚拟网络依托产业逐步向线下发展。

三、数字经济

尽管我们在前文详细分析了信息经济与网络经济的概念，但面对数字经

---

① ［美］凯文·凯利. 新经济，新规则［M］. 刘仲涛等译. 北京：电子工业出版社，2014.

济这一经常见诸各种文章的词汇，人类迄今为止并未对它的含义达成明确的共识。社会公认的"数字经济之父"——美国新经济学家唐·塔斯考特（Don Tapsoctt，1996）在其关于数字经济的第一本著作中提出，数字经济是"可互动的多媒体、信息高速公路以及互联网所推动的，以人类智慧网络化为基础的新型经济"①。然而除此之外，他并未给出更多关于数字经济的明确定义。

数字经济既可指基于数字技术（包括数字通信网络、计算机、软件等）的经济，还被用来泛指随着互联网技术发展出现的各种新型经济关系，这也为辨明数字经济的定义带来了困难。本书参考陈永伟的分级方式，将数字经济的定义更新划分为两个阶段，每个阶段有不同的侧重点。2000 年之前，以互联网为代表的数字技术对经济发展产生了深刻的影响，人们对于数字经济的认识也主要围绕互联网技术、电子商务、电子业务等方面展开；2000 年之后，信息通信技术产业（ICT）的发展带动了一大批新数字技术涌现，对经济发展产生了重大影响，"数字经济"的概念也因此得到了拓展。综上可知，数字经济既包括信息通信技术本身，也包括衍生经济活动，范围十分广阔，同时这一概念具有流动性，会随着技术的演进而自行更新。现阶段数字化的技术、商品与服务不仅在向传统产业进行多方向、多层面与多链条的加速渗透，而且还在推动诸如互联网数据中心（IDC）等数字产业链和产业集群的不断发展壮大，它能够极大降低社会交易成本，提高资源优化配置效率，推动社会生产力快速发展，为落后国家后来居上、实现超越提供技术基础。

数字经济与网络经济的界限并不分明。1998 年，美国商务部公布了第一份关于数字经济的研究报告，以信息产业、电子商务、网络经济等产业经济发展内容为切入点，着重分析信息这一核心资源对宏观经济和微观经济的决

---

① Don Tapscott. The Digital Economy：Promise and Peril in the Age of Networked Intelligence [M]. New York：McGraw Hill Companies，1996.

定性作用。① 次年，美国商务部在年度报告中指出：数字经济是"信息技术与电子商务的结合"，它主要包含两方面内容，一是电子商务，二是为电子商务创造良好环境的 IT 产业，即信息技术。后者是触发前者的关键，并将在电子商务的发展过程中扮演基础设施角色。凡是直接或间接利用数据引导资源发挥作用，推动生产力发展的经济形态都可以纳入这一范畴。

我国对数字经济的官方定义最早见于 2016 年 G20 杭州峰会，数字经济是当年全球主要议题之一，将其定义为："数字经济是指以使用数字化的知识和信息作为关键生产要素、以现代信息网络作为重要载体、以信息通信技术的有效使用作为效率提升和经济结构优化的重要推动力的一系列经济活动。"中国信息通信研究院在《中国数字经济发展白皮书（2020 年）》中将数字经济分为数字产业化和产业数字化两大部分，认为数字经济是以数字化的知识和信息作为关键生产要素，以数字技术为核心驱动力，以现代信息网络为重要载体，通过数字技术与实体经济深度融合，不断提高数字化、网络化、智能化水平，加速重构经济发展与治理模式的新型经济形态。

数字经济的核心生产要素是网络通信技术传输和数据算法，与网络经济这一概念相比，数字经济不再过分强调"互联网"这一要素，而是凭借已有的基础设施继续向线上线下深度拓展，将本不属于数字经济的传统产业及经济形式纳入数字经济发展的版图之中，通过互联网拓展信息传递渠道，吸引投资人群，发掘合作机会。

数字经济具有数字化、网络化、智能化的重要性质，这也对应了经济发展的三个阶段。

一是数字化，对应信息经济 1.0。数据信息是数字经济的第一生产资料和关键生产要素，通过信息系统、物联传感、机器视觉等各类数字化的方式来记录抽象的社会经济活动，形成可记录、可存储、可交互的海量数

---

① 美国商务部. 浮现中的数字经济［M］. 姜奇平等译. 北京：中国人民大学出版社，1998.

据、信息和知识，从而组织社会生产、销售、流通、消费、融资、投资等活动。

二是网络化，对应网络经济2.0。互联网是数字经济的基础载体，数字经济的基础设施是数据采集、传输、处理、分析、利用、存储的设施与设备，通过互联网、计算机、软件平台等载体让抽象的数据、信息、知识进行自由流动、无缝对接和全面融合，从而极大地改变了传统的生产关系，提高了生产过程中各环节的附加值。

三是智能化，对应数字经济3.0。数字经济也被称为智能经济，利用IT系统、大数据、云计算、人工智能等先进的信息通信技术，使数据处理的效率和能力得到了指数级别的增长，实现了各领域应用的跨界创新，解放了社会生产力，并由此带来了整个经济环境和经济活动的根本变化。

数字经济3.0涵盖了要素、供给、融合和治理等多个维度，分别对应的是数据价值化、数字产业化、产业数字化、数字化治理四个维度框架。一是数据价值化，价值化的数据是数字经济发展的关键生产要素。二是数字产业化，即信息通信产业，具体包括电子信息制造业、电子基础设施建设业、软件和信息技术服务业等。三是产业数字化，即传统产业应用数字技术带来生产数量和效率提升的现象，其新增产出解放了社会生产力，构成数字经济的重要组成部分。四是数字化治理，主要包括政府治理观念进步、未来治理模式创新、现有治理体系完善等方面。

相较于信息经济1.0和网络经济2.0，数字经济3.0的涵盖范围进一步扩大，三者概念层层递进，在前者现有的基础上更进一步，体现了马克思主义发展观。数字经济囊括了前两者的内涵，符合时代主题和研究发展的客观方向。数字经济的发展速度快、辐射范围广、影响程度深，它正在推动社会生产方式、生活方式和治理方式深刻变革，成为重组全球资源要素、重塑全球经济结构、改变全球竞争格局的关键力量。我国经济发展进入新常态后，在转型升级的压力下，生产型数字经济发展进入传统企业主动拥抱阶段；消费型数字经济的差异化消费特征也得到了突出体现。数字经济已成为驱动中国经济实现又好又快增长的新引擎，数字经济所催生出的各种新业态，也将成为中国经济新的重要增长点。

第三节　数字经济的基本特征

从信息经济、网络经济再到数字经济，数字经济的特征不断发生着变化，主要体现在以下几个方面：

一、数据成为数字经济发展的生产要素

数字经济是伴随数据传输而诞生的经济活动，数据也因此成为政府可利用的资源和企业的重要资产，如同农业时代的土地和劳动力、工业时代的技术和资本一样，数据驱动科技创新和经济社会发展，海量的数据日益成为重要的战略资产，数据资源跃升为企业的核心实力。数字流动已经成为 21 世纪全球化的主要特征，与 20 世纪经济全球化的标志——贸易和金融流动的快速增长相比，作为 21 世纪全球化标志的数字流动使世界各国不再孤立，一荣俱荣，一损俱损，各国在数字层面的紧密联系，消弭了国与国之间的物理隔阂，促进了经济交流活动开展，有利于生产消费与数据信息要素的流动，促进全球贸易，确保经济实现高质量可持续发展，加快实体经济转型升级进程，贯彻节能减排理念。

二、数字基础设施建设成为新基建内容

在农业时代，生产活动的基础设施主要是土地，工业时代则主要是水、电、交通等物理基础设施。而在数字技术出现后，对基础设施的要求也发生了转变，以网络为代表的信息基础设施和对传统基础设施的数字化改造共同

构成了数字经济发展的基础，推动工业经济向数字经济转变。数字技术与物理世界的融合使现实物理世界的发展速度向网络发展速度靠近，呈指数级增长，这离不开数字基础设施的支撑。网络世界和物理世界的融合主要是靠信息系统和物理系统的统一，计算能力与物理系统紧密结合协调，由此改变人类和物理世界的交互方式，推动物理世界、网络世界和人类社会之间的界限消失，构建互联互通的信息物理生物交流网络。

三、数字素养成为新时代人才的新技能

以往经济发展主要是对劳动力提出要求，但数字经济对劳动者和消费者共同提出了数字素养方面的要求，数字素养要求劳动者具有与专业技能相契合的数字技能，这促进了数字消费行为的发生和数字消费者的消费转型升级，对数字经济发展产生积极作用。互联网作为"大众创业、万众创新"的基础平台，在促进新技术、新产品、新模式、新业态蓬勃发展的同时，能够释放出人民群众的智慧和创造力，督促新时代人才迅速掌握新的知识技能，从而更好地适应市场与社会的需要，互联网能够提高劳动者生产率，把常规性、重复性工作交给技术完成后，劳动者能够专注于价值更高的活动，利用技术更加迅速地了解价格投入或新技术信息，减少不确定性，更好地完成现有工作。

四、融合创新能力对数字从业者提出了新的要求

随着数字经济的发展，供给方和需求方的界限日益模糊，生产者和消费者的身份可以随时转化，这要求数字行业从业者不仅要有把握新消费风口的能力，还要充分考虑到用户的需求，有针对性地听取意见、设计产品、提供服务。互联网就业者可以摆脱时间、空间的束缚，获得更大的自由，就业场所从工厂企业到虚拟网络组织，就业组织形式从项目制团队/合伙人制度到自由职业形式，人的个体价值被更大地激发、流动和共享。数字化企业取代了传统巨头公司，跻身全国乃至世界最大企业之列，传统企业也在纷纷应用数

字技术进行数字化转型，如何把握数字经济这一融合性经济所带来的赋能效应，推动传统产业优化资源配置，实现转型升级，需要从业者认真思考并积极应对。

五、数字经济成为推动供给侧结构性改革的重要支撑

数字经济在促进实体经济转型升级方面发挥着不可替代的作用，电子商务作为新兴商务活动形态，对传统商业经营形式造成冲击的同时，也在督促其转型升级。由于数字化通信和交易使边际成本趋近于零，以互联网企业为代表的数字化企业强势崛起，企业可以将更多的生产要素投入到技术创新、市场开拓、用户反馈等方面上来，客观上推动了创业创新的浪潮。数字经济还提升了消费者的参与度，传统生产——消费链关系得到重塑，庞大的信息流和方便快捷低成本的使用方式使消费者可以做到对产品生产供给源头的追溯，进而对生产活动提出意见建议，对数字经济发展起到监督作用，节省了政府的监督成本。

第二章　数字经济推动
文化治理现代化

第一节　数字经济对政府治理的影响

2022 年，国务院印发了《关于加强数字政府建设的指导意见》，作出"主动顺应经济社会数字化转型趋势，充分释放数字化发展红利，全面开创数字政府建设新局面"的部署，① 数字经济作为一种新的经济形态，对实现政府治理现代化的理念、效率、范围、技术等多个方面提出了更多的机遇和挑战。

一、数字经济促进政府治理的理念创新

数字经济时代的到来，使政府部门的工作需要适应时代，不断开放思维、创新理念，特别是数字化理念正在不断影响政府治理理念的重塑。如今，数据和信息开放共享是数字经济的一大重要特征，也是数字经济时代发展逻辑下的必然结果。当有多个主体掌控数据信息，传输分享的效率不断提升、成

---

① 国务院. 关于加强数字政府建设的指导意见［EB/OL］.（2022-06-23）［2022-02-22］. http：//www. gov. cn/zhengce/content/2022-06/23/content_5697299. htm.

本不断降低时，数据和信息的共享就成为社会常态。对此，政府要及时转变治理理念，跟上社会发展步伐。

一方面，政府要认识到现有的数据资源更多地源于不同的非政府主体，尤其是掌握了大量数据资源的市场主体，政府既不是唯一的数据资源的掌控者，也不是唯一的数据资源的生产者。因而政府要从"以自我为中心"的传统思想，转向"多元主体治理"的现代思维，引导掌握数据资源的主体积极主动参与各项政府治理活动，与更多的市场主体达成合作，在信息开放的基础上推动多方协同共治，实现多元主体全方位参与。

另一方面，政府要看到数据资源共享为政府治理带来的积极影响，有效推进数据共享工作，实现数据的高效利用。数字技术使数据与信息的使用完全打破了时间、地点等诸多因素的限制，人类享受跨时空的服务成为可能，管理者面临的不再是分散遥远的各地他乡，而是紧密相连的地球村；数据与信息的生产传播更加高效便利，进而加强了社会上人与人的沟通，也促进了社会的开放。政府要从原来数据和信息管理者的单一角色转变为全方位的数据和信息提供者、分享者、服务者角色，首先要真正清楚自己的角色定位；要积极履行政府的责任、义务，并高效、准确、及时地利用政府所能掌握的各类平台载体向群众用户传达数据和信息，使社会群众能够及时了解政府相关信息，避免由于信息不对称而产生问题；① 同时鼓励各界社会群众充分利用政府提供的平台载体推进政府工作运行规范化、督促政府工作、监督政府行为，增强政府政务工作的透明度，提升政府治理的效力效能。

二、数字经济促进政府治理的效率提升

随着数字技术不断进步、数字经济不断发展，数字经济不仅影响政府治理理念的转变，还不断促进政府自身治理水平提升。自"数字中国"概念提

---

① 魏成龙，郭诚诚 . 赋能与重塑：数字经济时代的政府治理变革［J］. 理论学刊，2021（5）：51-58.

出以来，"将新兴数字技术运用到政府治理中提高政府办事效率，进而提升政府治理水平"已成为我国各行各业的普遍共识。

首先，数字技术的发展为政府治理提供了更加便利高效的治理工具。"互联网+政务服务"方便群众网上办理业务，简化办理流程，"网上问政""网络投诉平台"等线上政务服务平台的建设方便群众监督各种社会事项，改变了政民互动模式；传感器、摄像头及各种监测器类产品，人脸识别等人工智能技术的采纳，方便政府部门及时发现社会中存在的问题从而及时解决；智能问答机器人、智能挂号和查询机器缩短群众线下办事流程及等待时间。

其次，数据共享、数据监测、数据分析和数据评估为政府治理提供了更宽广的视野。在土地、劳动力、资本、技术四种传统生产要素基础上，数据已成为一种新的与之并列的生产要素，数字资源在政府治理过程中发挥的作用日益明显。利用大数据技术建设的平台和系统为政府治理工作提供了"望远镜""显微镜""监测器""预测器"，使政府能够以更好的视角，更快、更细致地发现、分析、解决问题，做出相应的预防措施。

最后，数字化时代的到来为政府治理提供了更好的社会环境，有利于全面提高管理和服务效率，数字技术为政府治理现代化奠定了坚实的硬件基础，数字技术的广泛普及应用为政府治理现代化奠定了坚实的群众基础与社会基础。[①] 数字经济的发展最终会全面促进政府治理效率的提升。

三、数字经济促进政府治理的范围变革

数字化变革正在政府部门中如火如荼地进行，政府治理的范围也因此革新。传统科层制政府往往习惯于依靠上下级关系分工分层管理，而现代化治理政府则更加注重利用现代数字技术去实现社会各界群众公共需求；传统政

---

① 于安龙. 从抗击疫情的伟大斗争看"中国之治"［J］. 理论导刊，2020（5）：92-96.

府与非政府组织的合作一般处于目标可预期、内容质量有保障的稳定可控领域内，而在政府治理现代化过程中，由于数字技术加速信息传播，使各种事物增加了更多的不确定性和风险，政府要为市场主体探索创造一个更加开放包容的环境，在合作方面存在更多的灵活性和可塑性；传统政府与非政府组织的合作以固定的合同或协议设定目标、确立标准、明确责任义务、规划工作路径，现代政府治理在以往合同的基础上，采用共同投资、风险共担等新合作模式抵抗数字化带来的风险。此外，数字经济影响下的政府更加强调"以人为中心"的治理理念，一切数字技术服务于人民，利用一切技术和条件为人民服务。因此，在数字化改革进程中，政府治理范围也随之扩展，从线下的现实生活逐渐扩大到线上网络治理，从分类明确的不同群体治理逐步扩展到分类模糊的混合群体治理。在政府数字化改革过程中，要加强对互联网、信息、数据、新兴数字技术的管理，不断拓展政府职能。

四、数字经济促进政府治理的流程再造

目前，各行业紧盯"数字中国"建设目标，利用数字经济关键技术向现代化转型，产品、服务、业务、生产和经营流程等方面也发生了巨大变化，政府只有相应地调整治理流程，才能满足管理和服务的要求，这就迫使政府管理和服务工作必须顺应数字经济时代的需求，提升数字化治理能力，推动数字技术赋能政府治理，促进政府流程再造，可以通过运用现代数字技术，实现政府治理流程和方式的创新。目前，随着全国一体化在线政务服务平台的建设和推广，各省份纷纷模仿并建设布局符合本省特色的政务服务平台，各地级市也会根据实际需求建立小程序、公众号等特色政务服务平台，为公众提供较低成本的载体平台供其享受政务服务。

在数字经济时代，数据资源作为一种新的生产要素，它具有与传统生产要素不同的特征，如易存储、易运输、易分享、边际成本低、非竞争性等。新兴技术与传统技术在多个领域深度融合，不断发展，孕育形成创新的数字

技术，逐渐影响经济活动中的资源整合、生产、运营、消费、营销等多个环节，推动经济活动不断向规模化、智能化、信息化、网络化、数据化、集约化方向发展，面对新型数字经济发展态势，需要政府流程再造，建立数字政府以适应社会发展管理需要，不断降低群众办事的时间成本、资金成本、程序烦琐度，不断提升群众办事的便利度；让"数据跑路"代替"群众跑腿"，让大数据等新兴数字技术真正惠及群众；以"解决群众需求"作为政府改革的基础，进而去进行政府组织重构和流程再造，提升政府部门的治理能力和治理水平，[①] 增强民众对政府工作的认可度。

五、数字经济促进政府治理采纳新技术

在治理过程中对新技术的采纳和应用是数字经济对政府产生影响的最直观表现。目前，5G 通信、大数据存储、云计算、区块链、元宇宙、人工智能等相关数字技术已被政府部门不同程度地采纳和应用。

在大数据技术采纳应用方面，政府借助大数据共享实现部门间的协同共治，借助大数据分析挖掘潜在信息、发现深层次问题，进而对问题精准识别、专项施策、及时处理，借助大数据的技术优势有效提高行政效率、降低管理成本。[②] 在云计算技术采纳应用方面，政府以政务云平台为载体，充分利用技术变革带来的便利，积极建设政府组织、优化政府信息处理能力、强化政府面对突发事件时的快速反应能力和应急处理能力，不断提升政府治理水平。在区块链技术的采纳应用方面，政府将"区块链+"运用于治理工作的方方面面，使多元主体能够切实参与到社会事务治理的过程中，实现协同共治，改进管理方式，重构政府事务管理规则，提升政府治理效能，降低信用成本，改善政府形象。在人工智能采纳应用方面，将重大风险事件数字化、模型化，

① 蒋敏娟. 地方数字政府建设模式比较——以广东、浙江、贵州三省为例［J］. 行政管理改革，2021（6）：51-60.

② 陶明，邹丹华，潘志安，陶波. 大数据推动智慧电子政务的创新发展研究［J］. 科技广场，2019（6）：91-96.

深度挖掘重大风险事件发展的潜在趋势和一般规律，获得各类风险事件背后信息，提升政府应对风险事件研判的智慧化和精准性水平，有助于政府走出风险事件决策盲区。①

六、数字经济促进数字融合新业态产生

在数字技术创新应用的牵引之下，多产业融合是当下数字经济时代的一大趋势，不同产业要素在数字技术加持下融合重构，产生以数据要素为核心的新业态，成为数字化时代经济高质量发展的"活力因子"。

受新冠肺炎疫情影响，数字技术与各行各业的融合得到加速，新业态层出不穷、持续更迭、越发成熟。例如，在线医疗、在线教育、在线办公等新业态正在从根本上改变人们的生活方式和思维理念、行为习惯，使人们足不出户就能享受网上问诊、网上买药、在家上课、在家办公；② "宅生活""云消费"显现出我国经济转型发展新需求，为现代化经济体系建设注入新的活力。新冠肺炎疫情防控期间，数字化、网络化、智能化深入发展，线上线下深度融合，现实社会与虚拟社会相互交织，治理场景的复杂性不断增加。③ 数字经济带动新产业出现，传统产业与新兴产业、不同类别的产业之间建立起了相应联系，这就要求政府在治理的过程中，既要客观认识到新经济成分在其中发挥的作用，又要参考原有产业发展的治理经验进行决策；既要遵循以往标准管理不同类别的产业，又要对融合后的新产业及时制定法规，规范相关行为和业务。

① 韩春梅，李侠，张玉琢. 农村基层治理的技术契合与创新进路［J/OL］. 重庆大学学报（社会科学版），2020：1－12［2022－02－22］. http：//kns. cnki. net/kcms/detail/50. 1023. C. 20200310. 1740. 004. html.

② 胡曼妮. 1+X制度下高职电子商务专业人才培养模式改革探索［J］. 质量与市场，2022（1）：64-66.

③ 吴剑波，惠正娣. 城市运行中心让城市变得更聪明［J］. 数字经济，2021（7）：97-99.

第二节　数字经济对文化治理创新的影响

一、数字经济改变文化内容生产

优质文化内容供给是满足人民群众精神文化需要的重要力量，是满足人民群众美好生活需要的关键环节，同时也是进行文化治理的主要方面。[①] 人的最高层级需求就是精神文化需要，这是美好生活需要的重要组成部分，[②] 大力生产优质文化内容是文化治理的重要手段。当今数字经济和数字技术的快速发展和广泛运用大大促进了文化内容生产机制创新，在文化内容生产方面发挥着重要的促进作用。文化生产应坚持以内容为导向，紧紧依靠数字经济，立足人民需求，树立以人民为中心的服务理念，创新文化生产工具，大力发展符合社会主义前进方向的先进文化，努力满足人民群众精神文化需求，从而推进文化治理现代化。

发展数字经济是推动文化高质量发展的重大战略。未来，数字经济和数字技术的发展会带来一场新的内容革命。就目前而言，数字经济和数字技术俨然已经成为推进文化治理现代化的重要力量，发展数字经济将进一步减少文化生产障碍，降低文化生产成本，优化文化产品供给，提高供需匹配效率，有效推进文化供给侧结构性改革，开辟文化内容生产新局面。

数字经济和数字技术的快速发展与应用直接促进文化生产工具的变革。马克思将生产工具诠释为决定生产力水平的三大要素之一。具体到文化内容

---

① 李春华 . 文化生产力：满足人民群众对美好生活需要的重要力量——国家哲学社会科学成果文库入选成果《文化生产力与人类文明的跃迁》展示［J］. 思想政治教育研究，2018，34（2）：158-160.

② 李春华 . 文化生产：满足人民群众对美好生活需要的重要力量［J］. 人民论坛，2019（25）：134-135.

生产方面，文化生产工具是文化工作者在文化生产过程中用来直接对文化进行加工的物件，在文化生产创作过程中起着核心作用，对文化的发展产生特殊、重要的影响。完成文化生产活动的重要手段之一便是文化生产工具，选择恰当的文化生产工具会使文化生产活动的效率更高，文化生产过程更顺畅。文化生产活动反过来又对文化生产工具的改进和新工具的出现起着强大的推动作用。文化生产工具的内容与形式是随着科学技术和经济社会的发展而逐步变化的。使用什么样的文化生产工具，就具备什么样的文化生产力，就能供给对应的文化内容。数字经济不仅改变了旧有的生产工具，而且开发了新的生产工具。因此现代数字技术能够更加广泛地融入文化事业产业的内容和产品服务的创作生产过程之中，进而提升文化内容和产品服务的科技化与智能化水平，为文化事业产业高效发展提供了有力支持。与此同时，随着超高清电视、4K 技术、VR 等设备的推广，人民群众对数字文化消费的终端设备需求得到有效满足，这将有力促进数字文化消费，倒逼文化内容供给水平的提升。

数字经济和数字技术的快速发展与应用促使文化生产多领域融合。在数字技术的影响下，文化生产领域出现了明显的融合趋势；在众多平台的融合推动下，传统生产形式借助数字形式进行更新升级，极大地改变了文化生产的习惯和模式，生产者可以使用先进数字技术生产文化产品，从而增加了优质文化供给，降低了文化生产成本，提高了文化消费可选择性，满足了多样化文化消费需求。

二、数字经济改变文化消费需求

与以往的文化消费相比而言，数字经济时代背景下的文化消费不仅呈现碎片式、沉浸式、延伸式、社交式和虚拟式的特征，① 还呈现"线上线下相

---

① 李凤亮，单羽. 数字创意时代文化消费的未来［J］. 福建论坛（人文社会科学版），2018（6）：44–49.

结合"的态势,对此需要密切关注。

(一) 消费渐趋碎片式

随着社会对碎片化时间利用需求的持续爆发和数字技术的发展,碎片式消费在文化领域兴起,并逐渐展现在文化消费的蓝海市场中。如 AR 沉浸体验馆、VR 游戏体验中心、文创产品盲盒机等场域均成为碎片式文化消费的入口。

(二) 消费渐趋沉浸式

沉浸式消费满足了人们对文化消费升级的强烈需求,虚拟现实技术是其最好的体现,它凭借深入沉浸、虚拟现实、互动体验、视觉冲击等特性吸引着越来越多的消费者争相体验。虚拟现实技术在文化产业事业中的应用已赢得消费者的青睐与肯定,如众多影视作品的生产制作都有数字技术的加持;博物馆利用数字技术为文物赋予新的生命;景区制作沉浸式全景体验平台,足不出户即可"云旅游"等。

(三) 消费渐趋延伸式

延伸式消费的突出特点就是利用数字技术,把优质 IP 拓展、延伸至多个文化领域,最终达到促进文化消费的目的。优质文化 IP 经过数字技术的优化处理,刺激了消费者在精神层面的文化需求,扩展了文化消费的内涵与外延,如河南卫视的《中秋奇妙游》《清明时节奇妙游》等系列节目,在网络平台上得到了广泛传播,在收视率提升的同时,也让更多年轻人对悠久历史、优秀传统文化、"国潮"等方面产生了兴趣。

(四) 消费渐趋社交式

当前,年轻人越来越习惯在文化娱乐活动中投入大量的时间或金钱,他们对社交消费往往表现出极高的参与度和强烈的付费意愿。社交式文化消费也在数字经济时代变得越来越普遍。各地兴起了"社交+"场域建设,打造多维度社交场景,来吸引年轻消费者。例如,通过打造购物节、消费节等,将主题产品和服务做聚合,营造一个新的消费方式场景,在传播"吃"文化的同时，又满足了年轻消费者的社交需求。

（五）消费渐趋虚拟式

随着"90后""00后""10后"逐渐成为消费的主力军，以及二次元文化的破壁突袭，超越真实的虚拟产品和服务作为一种文化符号的代表，受到了年轻消费群体的热烈追捧，他们对虚拟产品的文化消费需求日益增加。如手游《王者荣耀》中的英雄皮肤就是虚拟消费的典型案例，各个档次的皮肤对实际游戏的影响微乎其微，但消费者会因为角色、模型、特效、时间、优惠等因素做出选择，其消费模式逐渐走向成熟，具有很强的商业变现潜力。

（六）消费渐趋"线上线下相结合"

数字技术会促使文化消费向"线上线下相结合"模式发展。在当前的文化消费模式下，线上消费与线下消费之间相互促进。

线上互联网可以为线下生产的文化产品和服务提供宣传，线下文化场景氛围及实地体验等方式可以帮助消费者沉浸式了解线上文化产品和服务，二者相互帮扶，运用各自渠道搜集数据信息满足消费者的多样化文化消费需求，增加文化消费总值。

三、数字经济促进文化业态创新

当前阶段，快速崛起的数字技术正日益成为支撑中国经济转型升级、提质增效的一股关键力量。大数据、5G、云计算、区块链、人工智能等技术与文化的深度融合，将会成为推动文化治理现代化的重要引擎，促进文化业态创新，文化新业态引领产业新突破。

（一）数字经济促进新兴文化企业

数字经济和数字技术的快速发展和应用直接促进新兴文化企业的发展。文化企业是从事新闻出版、广播影视和文化艺术的企业。作为文化产业的重要组成部分，文化企业在推动文化高质量发展，促进经济效益和社会效益相统一，为人民群众提供高质量精神食粮等方面具有重要作用。文化企业要充分彰显在国家文化现代化发展治理过程中的使命和担当，就需要强烈的政治责任感和历史使命感，在带动地方文化产业与经济高质量发展的同时，充分满足大众日益增长的精神文化消费需求。

数字经济时代的文化企业在文化消费终端生产、新闻信息服务、文化辅助生产和中介服务、创意设计服务、文化传播渠道、内容创作生产等方面发展迅速。例如，纪录片《航拍中国》团队依据全新的信息技术，动用多架直升机和无人机进行纪录片拍摄，并使用 VR 摄影机、人工智能等技术和高端设备记录影像，还采用了一镜到底等拍摄手法，选取各省市区最具代表性和观赏性的历史、人文、自然和现代景观，以空中视角俯瞰中国，用"云端旅游""空中看景"开拓了观众的视野，从神州大地恢宏景色之中升华出对祖国的热爱之情，播撒至每一名观众心中。

在数字经济蓬勃发展的时代背景下，众多文化企业积极践行"文化+"战略，以数字经济和技术为依托，充分利用大数据、人工智能、区块链等新兴技术，探索特色发展方式，满足群众文化需求。例如，作为陕西省文化旅游产业发展排头兵的西安曲江文化产业投资有限公司秉承"文化让生活更美好"的企业使命，于 2020 年联袂 6 家国宝单位举办"云上国宝音乐会"，在线观众达 2300 万人次；华强方特集团采用以文化旅游为核心，集影视、剧场、餐饮、文创等于一体的发展战略，运用艺术、科技等手段，打造献礼建党百年的"方特东方欲晓"主题园，展现了中华民族寻求国家独立、民族复兴的壮阔历程，获得了社会各界的一致好评。

（二）数字经济促进数字创意产业

数字创意产业是以现代信息技术为工具，以文化资源为基础，以创意为主要生产要素，充分发挥人的技艺、才能、创造、智慧并以数字化手段进行文化价值生产、传播、服务、消费的经济形态。[①] 我国战略新兴产业分类将

---

① 周荣庭，张欣宇.数字创意产业融合发展研究［J］.江淮论坛，2020（2）：79-85.

数字创意产业划为四大类：数字创意技术设备制造、数字创意文化活动、数字设计服务以及数字创意与融合服务。① 具体如图2-1所示。

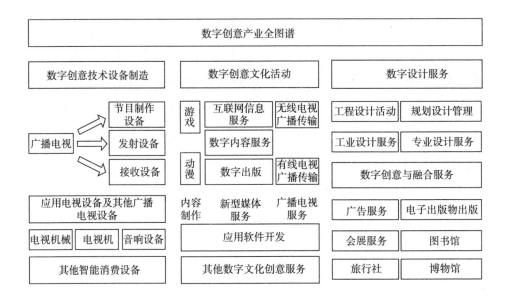

图 2-1　数字创意产业全图谱

资料来源：千际投行、资产信息网。

　　数字经济时代，文化创意产业在创新层面得到了显著增强。创新是数字文化创意产业最核心的组成部分，对实现产业价值最大化具有重要作用。如上海田子坊、杭州西溪创意产业园、深圳大芬油画村、浙江横店影视城等特色文化创意园区，通过数字技术和先进设备，将历史建筑改造成具有艺术氛围的文化园区，催生出相关多元产业，实现艺术价值和旅游体验价值双丰收。

　　数字经济时代，文化创意产业在经济层面得到了显著提高。得益于文化资源要素的投入，规模化的数字文化创意产业受市场影响，边际成本递减、

---

① 国家统计局. 战略性新城产业分类（2018）（国家统计局令第23号）［EB/OL］.（2018-11-16）［2022-02-22］. http：//www. gov. cn/zhengce/zhengceku/2018-12/31/content_5433037. htm.

边际收益递增，经济收益较高。校园文创、博物馆文创、文具文创等依托数字技术诞生的文化创意产品，立足自身 IP 优势，更易产生规模效应，被市场所接受，将文化优势转化为经济效益。

数字经济时代，文化创意产业网络层面取得了显著成效。伴随技术发展，现代数字网络技术和文化内容、创意、资源等要素深度融合，能够不断提供满足人民群众精神文化需求和美好生活需求的文化产品和服务。在此过程中，数字技术推动了众多产业跨部门交叉渗透，通过模糊产业边界提高产业回报率。

四、数字经济促进文化管理变革

在社会主义文化大发展大繁荣，文化建设日新月异的今天，必须充分认识到我国文化管理制度变革的重要性和紧迫性，更好地促进我国社会整体文化的进步和发展。数字经济和技术的快速发展和广泛应用不仅带来了新型文化生产关系，还改变了政府和市场的关系，推动了文化领域体制改革进行。

（一）数字经济催生新型文化生产关系

数字经济及技术的快速发展和应用极大地促进了社会文化生产力的发展，文化生产关系也随之改变。

文化生产关系，是指人们在创造文化产品、提供文化服务的过程中形成的、不以人的意志为转移的、客观的经济关系，它由文化生产力所决定，是文化生产方式的社会形式。文化生产关系的构成内容有所有制关系、文化生产中人与人的关系及分配关系三种。

数字经济时代的文化生产力与过去相比具有明显变化。

首先，文化劳动者职业构成更加丰富。传统的文化劳动者一般是指从事文化产品生产的人，文化产品生产作为劳动者的主业，是维系生活获取报酬的唯一途径，因而从业劳动者往往具有高度的专业性和专一性。社会主义社会的发展解放了生产力，使如今的文化劳动者不一定只靠文化吃饭，文化可以是其主业，也有可能是兼职，或是单纯无收入的兴趣爱好而已。互联网的普及加快了这一进程，文化劳动者可通过网络平台进行文化生产或产品推销。

其次，数字技术提供了更加先进的文化生产工具。随着科学技术的不断发展进步，如今的手机、计算机等新兴数字设备和大数据、人工智能等数字技术使当前的文化生产更加操作便利化、内容更加丰富化。

数字时代的文化生产关系由文化生产力决定，数字技术进入文化生产领域，也必然会影响文化发展。

首先，生产资料所有制的关系发生改变，相较于过去文化资源由政府主导，数字经济时代的文化生产创作过程中，对文化资源和要素的所有、占有、支配、使用、分配和消费上，更倾向于让市场发挥重要作用。

其次，在大数据、5G 等数字技术的加持下，人与人之间的关系更加紧密，文化传播渠道增多，信息分享更加简单便捷，文化产品和服务的分配越来越高效合理，更多人有机会享用文化产品和服务。

最后，由以上两个关系形成了分配、交换、消费关系的改变。数字分配和数字交换促进数字要素流通，而数字消费是推动中国数字经济发展的关键动力，也是促进国内需求加快恢复、持续扩大的重要力量。近年来，以网络购物、网络直播、数字文化、在线医疗等为代表的数字消费新业态、新模式迅猛发展，深刻改变着人们的消费习惯。无论在城市还是在乡村，数字消费新亮点频出，各项新技术加速落地应用，发展前景令人期待。[①]

（二）数字经济改变政府与市场的关系

处理好政府与市场的关系是发展文化产业和文化事业的重要命题。随着我国数字经济和技术的快速发展与应用，政府与市场的关系再次引发了争论。数字经济促进数字治理发展，倒逼政府管理创新，提高政府文化治理效率，加速政府与市场的融合。

---

① 李贞. 数字消费生活新体验［N］. 人民日报（海外版），2022-01-18（005）.

一方面，数字经济和数字技术增强了政府调控经济的能力，使政府更加有为；另一方面，和其他经济形式相比，数字经济和技术与市场更具有亲和力，经济发展激发人群的个性化消费需求，数字经济搭建桥梁，促使有效市场和有为政府进一步紧密配合。

数字经济推动政府建设。在文化产业事业发展初期，政府起到有效调动一切必需文化资源的主导作用。然而，"政府失灵"的情况是必然存在的，这不可避免地会影响文化市场的运行效率。随着社会迈入数字时代，市场化的数字时代到来不可避免，数字资源服务更加市场化，文化资源服务更加深入市场体系。数字技术在确保政府履职科学化、精准化，在促进文化资源配置、激发文化创新创作动力方面都发挥着重要作用。

数字经济促进市场发展。市场在文化资源配置上起决定性作用，数字经济和技术的发展与应用，有助于进一步汇集数据要素和文化资源，使其能够以文化基因库、数据库、文本库、文化体验中心等形式延续和发展，也为其他市场主体参与创造空间。

例如，由河南建业集团和王潮歌导演联合打造的《只有河南·戏剧幻城》剧场，聚焦河南历史、河南文化和河南精神，以"文化记忆""虚幻现实""古代现代""餐饮文创"等为依托，凸显文旅产品与服务的直接供给和创新突破。越来越多的市场主体运用全新数字技术参与到文化体验和发展中去，激发了市场的活力和创造力，实现高质量发展，降低了文化产品及服务的成本，提高了文化资源配置效率，达到降本增效的目的。然而，并非所有文化资源和数据要素都可以进入市场，对于需要保护的文化资源，可以在保护的基础上开发外围衍生产品，逐步提高市场化比率。一些存在争议的文化或敏感信息更不能够交给市场配置资源。政府与市场是文化产业事业发展不可或缺的"两只手"，在此基础上引入数字经济和技术的加持，相互紧密配合，各自发挥自身优势，实现有效市场和有为政府的高度协调，从而做到有针对性地探索解决文化产业和文化事业发展的对策与思路。

（三）数字经济推动文化体制改革

"十四五"规划明确提出建成文化强国，实现国家文化软实力显著增强的愿景目标。大力发展社会主义先进文化，推动文化治理走向深入，是我们全面建设社会主义文化强国所必须完成的使命。要完成这一使命，就必须着重推动文化体制改革。文化体制是指文化事业和文化产业的经营、管理方式。深入推进文化体制改革，不仅有助于助力文化事业的全面繁荣，而且能够推动文化产业的快速发展，在确保文化治理体系和文化治理能力现代化中，数字经济在推动文化特殊领域体制改革方面发挥着不可忽视的作用。

数字经济促进数字文化服务发展，出于对文化资源的数字化利用和保护的目的，数字博物馆、数字图书馆和数字藏品等受到广泛关注，如河南博物院发布的文创数字藏品"妇好鸮尊"，湖北省博物馆发行的数字藏品、镇馆之宝"越王勾践剑"等，都受到了消费者的热烈追捧。同时，新业态在促进文化市场化、要素化、产业化发展的同时，也带来了一些经营管理的风险和隐患，因此，提升经营和管理质量是极为必要的。基于此，各地正在广泛开展数字化管理平台建设工作。此类平台以博物馆和图书馆管理为核心，分类分级管理数据资源。例如，通过上海博物馆建设、国内首创的全面基于数据的博物馆数字化管理平台，可以了解博物馆收藏的体量、藏品的种类等信息；可以精确搜集博物馆观众的参观人数和实时方位数据；保证观众的参观体验安全、舒适。通过对博物馆多维度分析，获得博物馆公众服务效应的数据画像，博物馆的管理从"经验驱动"转变为"数据驱动"，为上海博物馆实施基于馆藏和观众需求的精准服务产生重要的评估及决策依据。

由此可见，数字经济促进了文化领域经营与管理方式的转型升级。运用大数据、云计算等数字技术，提升了博物馆、图书馆等经营管理的科学性，实现文化体制改革，进一步提升了文化治理效能。

第三节　数字经济时代推动文化治理
现代化的基本思路

一、从"文化管理"到"文化治理"

新中国成立以后，国家为了巩固新生政权、建设社会主义社会，此时的经济、文化发展政策都统一服务于政治，"文化"成为国家的统治工具。文化的工具属性使政府部门可以借此加强意识形态建设工作，从而实现政治目标。新中国成立让工农兵真正成为人民民主专政的主体，成为国家的主人，而文艺"要为工农兵服务"，文化要发展成为服务于工农兵的文化。于是，在政府部门的引领下，文化改造建设工作徐徐展开。一方面是对旧文化进行改造，另一方面是基础文化知识的教育普及和新文化知识的传播，通过文化这一工具来巩固基层政权，守好国家意识形态阵地。在此过程中，制定文化政策、开展文化活动成为文化工作的主要内容。国家通过一系列政策、活动使马克思主义、红色革命文化和无产阶级文化深入人民心中，树立了国家公民的新文化价值观。在计划经济体制下，文化产品与服务在政府部门的管控之下进行生产和销售。政府的文化部门一边负责文化产品与服务的生产供给，另一边负责文化产品与服务的分配消费，政府文化部门工作任务繁重。在这种政府单方面主导的文化管理模式下，文化市场无从产生，文化繁荣更无从谈起。

1978年党的十一届三中全会召开，改革开放的序幕拉起，我国经济发展踏上新征程，原来从属于政治统治框架下政府部门单方面负责的"文化管理"逐渐转变为市场经济指导下政府部门与非政府部门合作互动的"文化治理"。邓小平同志提出"四个现代化"并明确文化建设目标，特别是南方谈话提出了"社会主义的本质",进一步深化了文化现代化思想。改革开放后,我国文化工作被明确划分为文化产业和文化事业两项,文化事业以"公共利益最大化"为目标,由政府主抓,文化产业以"经济效益"为目标,在市场中蓬勃发展,为我国实现社会主义文化事业大发展大繁荣打开了新大门。此后,从党的十五大的"三位一体"到党的十八大的"五位一体",文化建设在国家社会主义现代化建设中的作用不断增强。

党的十八大召开以后,党对加强文化建设有了更加深刻清晰的认识。习近平同志提出坚定文化自信,是事关国运兴衰、事关文化安全、事关民族精神独立性的大事。党的十九大将文化自信纳入"坚持社会主义核心价值体系"基本方略,并写入党章。2020 年脱贫攻坚完成,乡村振兴有序衔接,在此过程中文化发挥了重要作用。文化兴则国家兴,文化强则民族强,"推动社会主义文艺繁荣发展、建设社会主义文化强国,广大文艺工作者义不容辞、重任在肩、大有作为"①,"文化强国"是建设社会主义现代化强国的重要组成部分。在实现中华民族伟大复兴的征途上,文化治理现代化必定不可或缺。

二、数字经济时代推进文化治理现代化的必要性

长久以来,文化作为社会生活的一部分,在推进我国社会治理体系建设方面举足轻重,相关内容也随着时代发展不断丰富。当前,为进一步推进社会主义现代化建设,党中央和社会各界对此不断做出努力,不断在实践中调整构建适应新时代要求的治理体系,文化治理在我国实现社会主义现代化建设中的作用也正在不断凸显。

伴随数字经济时代的到来,现实的社会问题日趋复杂,传统的政府治理模式已不能满足人民群众的现实需求,国家政府部门亟须推进国家治理体系和治理能力现代化以适应新时代所面临的客观治理环境。党的十八届三中全

---

① 新华社.习近平在中国文联十一大、中国作协十大开幕式上的讲话［EB/OL］.（2021-12-14）［2022-02-22］.http：//www.gov.cn/xinwen/2021-12/14/content_5660780.htm.

会将"推进国家治理体系和治理能力现代化"确立为全面深化改革的总目标，文化治理作为国家治理的重要构成部分也随之进入新的发展阶段，文化治理以"现代化治理体系和治理能力"为坐标原点不断深化改革，推进文化治理现代化成为必然。一方面，文化隶属于意识形态的一部分，在新时代推进文化治理现代化，守好国家意识形态阵地是保障国家安全的必然逻辑。另一方面，我国现阶段的社会矛盾已经发生变化，人民群众对生活品质提出了更高要求，满足其日益复杂多样的精神文化需求是党和政府义不容辞的责任与义务。因此，现阶段推进文化治理现代化是十分必要的。

在基础设施建设方面，我国数字化、网络化、信息化相关基础设施建设工作一路推进；在数字技术创新方面，5G、大数据、人工智能、云计算、区块链等各种新兴数字技术得到了蓬勃发展；在文化与其他产业融合方面，文化与旅游、文化创意、大众传媒、网络直播等不同领域深度融合发展；在群众基础方面，互联网、手机等数字产品得到普及，网络购物、网络直播、网络交友等生活习惯逐渐形成，以及网剧、电子书等电子文化产品越来越丰富；在思想理念方面，为"推进国家治理体系和治理能力现代化"，社会各行业各领域共同发力已成为社会共识。以上种种，为推进文化治理现代化奠定了坚实基础。此外，各级文化部门以党中央为领导核心，形成了适应时代需求的文化组织体系，为文化治理现代化的推进确立了组织保障，进一步确保我国文化治理现代化能有人规划、有人执行、有人落实，增加我国推进文化治理现代化的可行性。

三、数字经济时代推动文化治理现代化的构建思路

文化治理现代化是我国国家治理体系现代化建设中的重要组成部分，如何构建现代化治理体系不仅关乎今后文化工作的开展，还关系到我国现代化强国建设的有序推进。实现文化治理现代化要构建适应数字经济时代的文化体制机制，发展适应数字经济时代的文化事业和文化产业，推动文化治理技

术智能化发展。

（一）构建适应数字经济时代的文化体制

改革开放以来，我国经济发展水平不断提升，但是各项制度不能紧跟经济发展进行变革，随之而来的便是各种不相适应带来的麻烦和问题。例如，部分部门办事效率低，遇到突发情况应急能力差，部分人员利用制度漏洞牟取私利等。数字经济时代到来，传统的体制机制更难以满足数字化时代的经济发展要求，文化领域同样如此。为了适应数字化带来的新的社会文化需求，文化体制机制就必须根据现实需要进行深化改革。文化体制机制改革是指政府和社会主体按照某种价值观，有目标、有规划地对文化领域现存的技术、制度、关系等环境进行改造、革新，按照新的文化行为模式管理方式，进行利益关系重组，寻找新的激励方式，从而适应新环境的制度体系和管理机制。要达成 2035 年社会主义现代化国家和 2050 年社会主义现代化强国的建设目标，文化治理现代化是目标实现的重要路径之一，文化体制机制改革是实现文化治理现代化的重要手段。我国对文化体制改革工作一直以来都倍加关注。2021 年 12 月，习近平总书记在中国文联十一大、中国作协十大开幕式上提到文化体制改革表示要"尊重和遵循文艺规律，通过深化改革、完善政策、健全体制，形成不断出精品、出人才的生动局面"。"十四五"时期推进社会主义文化强国建设，必须完善文化管理体制和生产经营机制，提升文化治理效能，不断提升我国文化治理体系和文化治理能力现代化。改革文化体制机制是实现我国文化治理现代化当前最紧迫的任务。

（二）发展适应数字经济时代的文化事业

文化事业一般由政府主导，文化事业中的公共文化服务对文化普及和满足人民文化需求产生重要影响。数字经济时代到来，文化事业也要顺应时代发展，需要推动文化事业的全面数字化转型，利用数字化技术提供更好的公共文化产品和公共文化配套服务。在为社会大众提供公共文化服务的过程中，将数字技术运用其中，让市场主体平等参与到文化事业建设工作中，实现数字文化资源共享。政府通过构建公益性、互动式的数字文化服务平台，使文化生产者与文化消费者实现身份共存，发挥数字文化资源易于整合的优势，不断丰富数字文化内容和形式，节约资金，降低政府文化事业建设成本；政府通过构建数字资源库群，将丰富多彩的优秀文化信息资源放置其中，实现另一种数字文化资源共享，不断提升政府的数字文化事业服务能力。政府还可以利用微博、微信公众号或以其他网络平台为载体，探索公众公共文化需求，同时引导公众参与到数字文化产品的创造、供给和数字文化事业的推进建设中。借助各种网络传播平台，做好"数字文化服务平台"和"数字资源库"的广泛宣传，大大增加公共文化受众面，真正使其发挥效用，并不断扩大其效果。让文化事业建设在与时俱进中，提升社会主义意识形态的凝聚力和引领力，充分展现新时代中华文化的魅力，进而构建中华民族共有的精神家园。

（三）发展适应数字经济时代的文化产业

近年来，文化产业在市场经济体制下迅猛发展，文化产业根据市场需求随时调整与创新，文化产业市场主体不断增长，产业规模逐渐扩大，逐步成为国民经济的支柱性产业之一。根据《2021年国民经济和社会发展统计公报》，2021年我国规模以上文化及相关产业企业营业收入比2020年增长16.0%。推进我国文化治理现代化，要进一步发展数字文化产业等新型文化产业，适应数字化时代经济发展。数字技术催使文化产业出现了不同的新业态，随着新的文化创意产品被不断推出，经济效益日益增强。文学、娱乐、动漫、游戏、直播、电影、音乐、短视频等在数字技术的加持下不断衍生出新兴娱乐形式且正在呈"井喷式"快速发展。在数字经济快速发展的背景下，以数字产业化为基础、产业数字化为特征的数字文化产业，已成为当今数字经济的重要组成部分，成为促进产业转型和经济高质量发展的新动能，代表了文化产业发展的主流方向。发展适应数字经济时代的文化产业，要求进一步加大资金投入形成规模效应，注重数字文化产业持续发展所需人才的培养，充分挖掘和创新各种文化资源，提高数字文化产业资源配置能力，利用新技术加强不同文化产业间的合作与分工，改善文化产业空间布局，加快文化产业中数据要素的流通，及时配套相关的数字文化产业政策，使数字文化产业中龙头企业的带动作用更加明显。通过对文化产业的政策、资源、人才、资金、流通等多个方面不断优化，进而实现文化产业契合数字经济的发展，不断迈向现代化。

（四）推动文化治理技术采纳和快速发展

2021年12月，《"十四五"国家信息化规划》发布，明确提出"十四五"期间要"实施文化产业数字化战略，促进文化产业与新一代信息技术相互融合""推动公共文化数字化建设"。显然，数字技术与文化领域具有高度适配性，文化信息化管理是提高文化治理效能的必经之道，技术智能化是文化信息化的关键所在。近年来，我国各种技术不断取得重大突破，各种信息化平台争相而出。针对我国当前文化发展不平衡现状，智能化技术为解决"文化鸿沟""文化建设水平差距"问题提供了新选择。在如今这个数字化时代，通过互联网信息平台，东西部地区人民可进行网上文化交流，不同区域、城乡、阶层人民可在网上共享某些文化成果，为我国文化服务均衡发展和不同文化交融互通提供了新工具。例如，部分偏远地区由于地理环境等多种现实因素的影响，当地人民可能无法接触到一些文化资源，通过先进的网络技术则可以解决这些难题，将优质文化服务引进偏远地区,[①] 从而推动新时代文化的发展，进而推进文化治理现代化。还需要注意的是，智能化技术为文化治理现代化提供了工具，更重要的是人的使用。要通过教育提升数字化普及率，让使用者学会使用这些信息化平台，使智能化技术在文化传播中发挥最大作用，最大限度地提升文化治理效能，加快文化治理现代化步伐。

随着数字中国建设的不断推进，数字乡村、数字城市、数字文化、数字

---

① 邓纯东. 当代中国文化治理体系和治理能力现代化的理论反思［J］. 湖湘论坛，2018，31（6）：13-22，2.

金融、数字货币等数字战略、数字工程共同促进中国数字经济大发展。在中国不断奔向数字经济繁荣的背景下，文化作为建立在经济基础之上的上层建筑，其发展和治理迈入了一个全新阶段。毫无疑问，数字经济现已成为推动现代化文化建设的一大动力，在文化建设过程中赋予新活力。

第三章　数字经济促进文化内容生产创新

随着数字经济的发展，文化产业迎来了新的发展机遇，催生出数字文化产业，并为文化产业的发展注入新的活力。尤其是在文化内容生产创新方面。数字经济的发展，推动着产业资源的数字化，在数字文化产业方面较为明显的是文化内容生产实现数字化发展，并推动着数字文化内容生产不断创新；同时也对文化内容生产治理带来新的挑战。此外，网络艺术生产在数字文化产业的发展过程中也实现了新的突破。本章主要围绕文化内容生产、创新、挑战和网络艺术生产等方面论述数字经济发展对其带来的影响。

第一节　数字经济推动数字文化内容生产全面升级

数字经济的兴起，使文化内容与数字技术紧密结合，并逐步形成了新型文化业态，构成了数字文化产业的主体。无论是网络文学、网络游戏还是网络动漫，其发展都呈现出良好的态势，而在创新创意全面爆发的领域，更是拓展了传统意义上文化产业的发展空间，为文化产业的规模和质量增长开辟了一条实现路径。同时文化内容生产在数字经济快速发展的带动下，朝着流程优化、供给形式多样化、文化消费多元化等方向发展。

"普适计算之父"马克·韦泽（Mark Weiser, 1991）在《科学美国人》杂志上阐述其对计算机技术的看法，认为"最高深的技术是那些令人无法察觉的技术，这些技术不停地把它们自己编织进日常生活，直到你无从发现为止"。① 正如其所说的那样，数字经济的发展已经逐步融入现代社会生活的方方面面。2019 年 8 月 3 日，国务院发展研究中心等多家单位联合发布《中国数字文化产业发展趋势研究报告》② 和《国际数字创意产业前沿趋势研究报告》，报告显示"内容原创能力是当前市场竞争的核心"。这表明在数字经济发展背景下，文化内容生产是数字文化产业发展的基础。随着科学技术的飞速发展，正在逐渐影响着数字经济的发展。数字经济的发展又进一步优化升级了整个文化内容生产流程，催动着经济发展实现转型升级，并伴随这些变革催生出一系列新产业、新业态。这些变化主要由于技术变革导致生产流程、方式和效率实现升级，进一步提高了产业整体的运行效率。同时，新技术在产品设计、生产、销售的全流程运用，可以使产品在设计上激发出更多创意和想法，并使其拥有更多之前无法实现的新功能，赋予其更多附加价值。

数字文化内容生产流程主要是指生产者基于生产要素通过运用数字化生产工具对文化资源进行系统化的加工处理生产出数字文化内容。在数字经济时代，基础的文化资源和文化资料也实现了数字化，由以文字为核心的印刷媒介实现了向以文字、图像、视频等为核心数字化的多媒体中介的转变，数字化让不同媒介形式归于统一，曾经作为文学、音乐、电影等储存中介的图书、CD、DVD 等转化为数字信号，通过阅读器、显示屏进行呈现，真正实现了媒介融合。具体如图 3.1 所示。

---

① Mark Weiser. The Computer for the 21st Century ［J］. Scientific American, 1991 (9)：94~104.
② 报告由国务院发展研究中心·东方文化与城市发展研究所、中国社科院中国文化研究中心联合腾讯社会研究中心等单位共同发布。

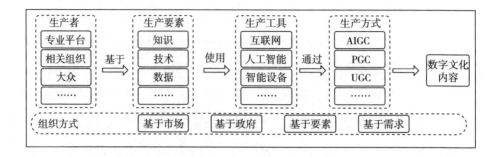

图3.1 数字文化内容生产流程

一、数字经济推动生产者身份拓展

文化内容的生产者主要是指文化内容的创作人才，这也是文化发展的基础。传统的文化生产流程中的生产者大多是一些组织，如公益性和营利性的文化生产组织，生产主体存在一定的局限性。现在随着数字经济的发展，数字化在重塑文化内容形态和文化内容创作方式的同时，也不断激发出文化生产者的创新创造潜能，文化内容的生产者逐步扩展到个人和用户，由专业化向大众化转变。数字时代文化内容的生产机构更注重搭建一个社会化应用平台，每个用户或者个人既是文化内容和服务的消费者，也是文化内容的创作和传播者。

数字时代的文化内容生产创作，从生产者角度看，文化产品不再只由专业化、机构化的作家、艺术家创造，人人都可以写自媒体、拍短视频；从消费者角度看，平台大数据会根据受众的接受习惯定制更具个性化的内容。

二、数字经济推动生产要素改变

数字经济时代文化内容的生产要素主要包括资源、技术、数据等。文化资源是文化内容生产基础，与传统内容生产相比，数字经济时代的文化资源更多的是通过数字化技术对传统文化资源处理后和直接数字化生产出的文化资源。这主要是由于数据成为数字文化内容生产的核心要素导致的，通过知识和技术的运用对数据进行分析处理生产出数字文化内容。这较传统文化内容中的纸质资源等生产要素相比，发生了显著变化。

三、数字经济推动生产工具升级

从文化内容生产发展的历史可以看出，随着技术的进步，文化内容的生产方式逐步发生变革，尤其是网络技术和数字技术的快速发展，极大地促进了文化内容生产的发展。从传统的以纸笔创作为主，到现在的以计算机和智能设备为主的数字化创作，文化内容的生产工具发生了极大的变化。生产工具实现了从人工主导为主逐步向半智能化、智能化转变。

以数字电影为例，它不仅将拍摄和放映媒介由胶片向数码形式转变，更多的是其拍摄和制作方式发生了巨大的转变。数字电影的拍摄和制作除包括传统电影制作中演员表演和实景拍摄以外，还会通过数字化技术实现对演员动作、场景特效等方面进行加工处理，制作出更多以前无法实现的场景，进一步丰富电影创作的内容。同时随着数字虚拟技术及视觉神经技术的发展，虚拟现实（VR）和增强现实（AR）技术应用的普及，观众可以通过数字设备获得沉浸式观影体验，这将会重新定义电影的内涵。

数字时代的文化内容生产，更多的是以互联网为媒介，将文化资源数字化，并根据文化资源进行多种类型的创作和生产，以满足自身和他人的文化需求，这是现代文化生产方式的重要特征。

四、数字经济推动生产模式转变

数字时代降低了创作门槛，并逐步形成新的文化内容生产模式，逐步实现由传统的工具主导向用户主导的转变，如以用户创作为主的用户文化生产模式、以文化交流互动为主的互动文化生产模式等。用户可以通过网络平台进行文化内容创作，如短视频制作、网络文学写作等。其中以网络文学为例，其诞生之初就不同于作家书写、出版机构印制发行、通过版权获得收益的生产销售链条。网络作家通常依靠读者的点击量和打赏获得收益。为增强用户黏性，作家要充分考虑读者的阅读感受，网络文学可以说是作者与读者在密切互动中共同完成的。

以上案例说明在数字时代文化，内容生产的驱动方式从生产者驱动模式逐步向用户驱动模式转变，UGC（用户创造内容）成为数字经济时代重要的文化内容生产模式。在数字时代文化，内容生产更加注重"体验"的价值，传统的内容生产尽管也注重用户体验，但是因为缺乏快速的反馈机制，创作者凭借的是基于经验和体验的感知，总体还是延时且更具主观性。在数字经济时代体验更加重要，直接影响了传播效果，通过大数据挖掘等方式，从效果评价中汲取经验、"反哺"创作，实现文化产品的快速迭代，是数字化赋能文化创造的突出特点和显著优势。

此外，随着 AI 技术不断迭代，除 UGC、PGC 以外的一种新型生产方式——AIGC（AI Generated Content，人工智能创造内容）已从概念逐渐发展到落地，如里约奥运会上亮相的写稿机器人等。AIGC 技术的持续进步，将推动着文化内容生产向更有创造力、想象力的方向发展。同时，人类能够利用 AIGC 创作生成的内容，更快更好地实现并激发更多创意，让创意"野蛮生长"。

总体来看，数字技术的发展极大地释放了文化内容生产的活力和潜力，有效地推动了数字文化产业的发展。为顺应数字产业化和产业数字化发展趋势，健全现代文化产业体系，2020 年文化和旅游部出台了《关于推动数字文化产业高质量发展的意见》，强调要"加强内容建设，深刻把握数字文化内容属性，加强原创能力建设，创造更多既能满足人民文化需求、又能增强人民精神力量的数字文化产品"，这也是实现数字经济和文化产业融合发展的必由之路。

第二节　数字技术推动文化内容生产创新

技术的变革推动着产业的发展，数字技术的兴起与发展，为文化内容生产带来了新的变革，推动着文化内容生产朝着优质、高效的方向发展。新技术实现了对文化内容生产新的赋能，大数据、云计算、区块链、5G 等数字技术的运用极大地激发了文化产业的发展潜力，尤其是在文化产业的核心方面——文化内容，丰富了文化内容的创作和展现形式，提高文化内容的传播效率，满足了在数字经济时代文化内容的存储、治理等方面的需求，推动着文化内容生产不断实现新的创新。

一、大数据技术与文化内容生产

从人类社会发展的历程看，每一次重大的经济变革，都伴随新的生产要素，就像农业经济时代中的劳动力与土地、工业经济时代中的资本和技术，现在社会发展到数字经济时代，其核心的生产要素就是数据。大数据技术的快速发展，已经逐步包含了数据基础设施、数据分析、数据运用、资源开发、平台建设等众多密不可分的领域，形成了完整的产业布局，为数字经济的发展提供了核心动力。

麦肯锡全球研究所（MGI）[1] 认为，大数据是一种规模大到在获取、存储、管理、分析方面大大超出了传统数据库软件工具能力范围的数据集合，具有海量的数据规模、快速的数据流转、多样的数据类型和价值密度低四大特征技术。大数据技术与文化产业融合发展拥有独特的优势和有利的条件。

---

[1]　麦肯锡全球研究所（Mckinsey Global Institute，MGI）成立于 1990 年，是麦肯锡的商业和经济研究机构，志在深入了解不断发展的全球经济，为商业、公共和社会部门的领导者提供作为管理和政策决策基础的事实和见解。它的研究结合了经济学和管理学，以更好地了解影响商业战略和公共政策的广泛宏观经济力量。

人类文明源远流长，积累了大量的文化素材和资源，随着互联网的快速发展，文化迎来了爆发式、数字化、虚拟化、智能化的发展趋势，文化数据资源急剧增加。传统的数据存储、分析已经无法满足现在的实际需求，必须依靠大数据技术才能完成这一任务。随着大数据技术应用的不断拓展，逐步建立起各类数字化文化资源数据库，这为进一步利用大数据分析等先进的信息技术手段，实现对这些文化资源信息的整合、梳理、分析、凝练，提供了前所未有的基础和条件。对这类历史文化资源数据的有效管理和充分挖掘、利用，或许是大数据及其分析技术最为重要的应用角度和需求。这也表明文化内容的大量存储是文化生产创作的基础。

数字经济时代，随着文化内容生产工具的革新、文化内容生产者队伍的拓宽以及文化内容生产、传播、消费的融合发展，整体文化内容生产效率得到了显著提高。互联网的发展让信息传递效率极大提高，人们可以轻松地获取到海量信息。文化内容生产通过数字技术逐步融入互联网，运用丰富的数字文化资源，打破传统文化内容生产的资源获取数量和渠道限制，运用网络生产工具和多媒体技术，创作不同展现形式、不同文化载体的优质文化内容，可以满足不同人群的文化需求。同时，文化内容生产者队伍的拓宽让人人可以成为文化内容的创作者，人们可以轻松地通过计算机或者移动设备进行文化内容创作。通过大数据、互联网传播的双向性，打破了传统的文化内容单向传播，增强了文化内容生产的互动性，在文化内容互动的过程，不断激发着人们的创作热情，进一步提高了文化内容的生产效率。

此外，随着文化内容生产速度的加快，文化内容种类的增多，文化内容生产水平的提高，产生了大量的半结构化和非结构化的数据，在数据存储、分析的方面只有大数据技术能够满足这一庞大数据体量的存储分析工作。除文化内容本身产生的海量数据以外，文化消费过程也会产生海量的数据，如何对海量数据进行采集、存储、分析以满足人们多元化、个性化的消费需求？只有通过大数据强大的数据采集、存储、分析功能。这也表明了大数据技术和文化产业发展有着天然的密切联系。

因此，要合理地运用大数据技术服务于文化的发展，充分发挥大数据技术在数据采集、数据存储、数据分析方面的优势，海量数据的采集、存储有利于文化的记录、保护与传承，数据的有效分析将有助于分析文化的发展趋势、科学制定文化发展策略、及时解决发展过程中的问题，推动文化实现更持久的高质量发展。

二、移动互联与文化内容传播

移动互联网拥有移动随时、随地、随身和互联网开放、分享、互动的优势，可以实现语音、数据、图像、多媒体的传输功能，极大地提高了信息的传输效率和传播范围。在数字经济时代，文化内容也逐步实现资源数字化，由传统的印刷媒介实现了向以数字化为核心的多媒体媒介的重要转变。文化资源的数字化极大地拓宽了文化内容的传播渠道。移动互联网技术的发展，为文化内容传播、消费提供了更加便捷的渠道。

与传统传播方式相比，首先是通过移动互联网技术可以实现随时随地全天候的浏览、分享文化内容，极大地提高传播的便利性；其次是文化内容可以实现多样式传播，也可以文字、图片、影音融合传播，还可以进行文化内容的即时生产、即时传播；再次是可以实现人机互动参与，可以通过语言、视频等多种方式参与到文化内容分享的全过程，甚至可以通过虚拟现实技术实现远程虚拟体验、沉浸式体验；最后是可以实现文化内容的精准推送，结合大数据、云计算等新技术，智能分析用户的需求和爱好，推送相应的文化内容，实现真正的"投其所好"，提高用户获得文化内容的便捷性、文化体验感。

例如，在 2019 年，国家大剧院原创民族舞剧《天路》"4K+5G"演出直播在首都电影院和手机端、电视大屏端等多渠道同步呈现。这是全球首次"4K+5G"技术在影院直播，是一场文化与科技融合的全新直播方式。直播采用先进的"5G"传输技术，让观看更为流畅，基本实现同步直播。此外，观众还通过手机客户端在线同步观看演出，这样的直播方式将极大地提高表演艺术的在线观众数，演出的受众不再局限于现场观众，在线上也能够拥有极高播放量和传播影响力。

移动互联技术的发展，为文化内容传播提供了极大的便利条件，使文化内容传播效率显著提升。充分利用移动互联技术的优势，深挖文化内容的底蕴和价值，以期进一步提升文化内容的传播水平和利用效率。

三、区块链与文化内容价值分配

现代信息技术的发展，除大数据、移动互联外，还有一个重要的组成部分——区块链。区块链本质是一种共享的数据库，该数据库存储的数据具有"不可伪造""全程留痕""可以追溯""公开透明"等特点，这些特点为其运用提供了坚实的"信任"基础。区块链技术不依赖第三方的管理机构或者硬件设施，不需要中心管制，其主要是通过分布式核算、存储，对各个节点实现信息验证、传递、管理，具有良好的开放性、独立性、安全性、匿名性。这些优良的特性为其在金融领域、物联网领域、公共服务领域、数字版权领域等多方面的应用奠定了坚实的基础。当前，新媒体的快速发展为文化内容传播提供新的渠道，极大地提高了其传播速度，同时也催生出新业态、新模式。但如何在新媒体迅猛发展的今天保护文化内容的版权成了新的热点问题。

运用区块链的技术特点和优势，实现对文化产品的版权鉴定、保护。通过对文化产品进行鉴定，以确保合法的、具有权限的用户可以正常使用产品，保护版权拥有者的合法权益，在合法权益受到侵害时可以通过"可以追溯""公开透明"等特点快速查找相关版权信息。版权一旦确定，可以通过区块链技术对后续全部版权交易变化过程进行记录，全部留痕，所有操作都是"有迹可循"，以实现版权的全周期数字化管理，同时也可在合法权益受到侵害时为司法取证提供一定的技术支撑。随着数字版权证书上链，文化内容的版权保护将迈上新的台阶。

区块链的核心价值是可信数据和可信价值在链上的存储。除了在文化内容的版权保护方面应用较多，区块链还在文化产品权益的资产化、货币化、证券化，文化产业的投融资、文化资产交易的去中介化等方面具有广阔的应用前景。这些方面在传统的产业技术背景下都是长期存在的难题，未得到有效解决。而具有良好的信任机制和"去中心化"特点的区块链技术，可以很好地应对文化产业发展过程中面临的难题，为文化治理提供坚实的技术保障。与此同时，随着 IP 全产业链开发及内容"长尾效应"的显现，文化产业链上的动漫画、音视频、影视游戏等垂直领域也势必被区块链变革。

随着新技术的不断发展、不断成熟，区块链技术将会和整个文化产业的发展密切融合，会进一步激发网络文学、短视频、影视剧、动漫等领域的发展活力，推动包括文化贸易公司、版权代理机构、产业研究机构、文化金融服务机构、艺术创作公司等企业在内的商业机构打造以区块链技术为核心基础的发展联盟，打造安全、可靠、高效的优质价值分配体系，实现数字文化产业的高质量发展。

第三节　数字经济对文化内容生产治理的新挑战

数字经济一方面为文化内容生产提供新的发展机遇，极大地提高了文化内容的生产、传播效率；另一方面也对文化内容生产带来了新的挑战。文化内容如何在保持较快发展的同时做好文化治理，是新时代下文化内容发展面临的挑战，如在市场管理运营、行业稳定发展以及治理技术创新三个方面。

一、市场管理运营待提升

数字经济时代，文化内容生产迎来了前所未有的发展机遇，文化内容生产者队伍的拓展、生产工具的变革等导致文化内容生产实现了爆发式的发展。这也让数字经济时代的文化内容市场管理运营迎来了新的挑战。

在文化产业的快速发展中，数字技术让文化产品的瞬间传播成为可能，在极大地提升了文化产品的传播速度和范围的同时，也使消费者接触文化产品的便利性得到了极大的提高。数字博物馆、数字艺术馆、数字图书馆等一系列数字化文化传播方式不断涌现，人们可以随时随地获取所需的文化资源，同时由于数字文化资源的易复制性导致了文化内容的版权问题日趋严峻，这对文化内容或产品创作者的正常创作有着较大影响，也严重侵犯了创作者的合法权益。如 2021 年网络热议的二次创作短视频是否侵犯版权问题，通过对相关影视剧的解说、剪辑等二次加工的方式，上传至各平台进行公开传播，这是否侵犯原影视剧的版权一时成为网络热议的话题。创作者的合法权益保护与使用人的合理使用的矛盾日益凸显。

对于数字版权侵权行为的检测、取证与维权行为，也需要付出极高的成本。如若没有一些有效的版权确权手段，后续的版权交易、消费与流转也无从谈起。版权保护，已经成为数字经济产业的基础设施。正如上述案例一样，在自媒体时代，新内容的大量爆发，又给版权保护带来了新的挑战。自媒体一方面创造了海量的版权内容，另一方面又带来了更多的侵权行为。这些长尾内容的产生，再一次提升了版权保护工作的开展难度。在数字经济的发展过程中，版权管理问题越发突出。中国版权协会数据显示，在 2017 年，仅网络视频行业，因观看盗版视频而没有为正版视频服务付费的用户，便给整个行业带来了高达 136.4 亿元的用户付费损失。与传统版权作品相比，数字经济时代的版权作品易被人复制。网络版权侵权案件（民事）数量持续上升，《中国法院知识产权司法保护状况（2019）》数据显示，地方各级人民法院共新收知识产权民事一审案件 399031 件，其中著作权案件共 293066 件，占一审总量案件的 73.4%，同比上升 49.98%。一方面说明越来越多创作者寻求通过诉讼方式保护自己的著作权，另一方面显示出侵权问题依然严峻。《2020 年内容行业版权报告》显示视频类内容成为侵权重灾区，图文内容侵权有所抬头，侵权领域全面化趋势明显。

此外，数字经济时代还对市场管理运营过程中的消费者管理、要素流动方面产生影响。在消费者管理方面，传统经济中，消费行为主要发生在消费市场的实体店中，而在数字经济中，消费者的消费行为还可以通过互联网实现在线消费或者"线上+线下"消费。网络技术的运用使消费者可以轻松打破时间、空间的限制，享受到更广泛的商品和服务，这也导致文化消费逐渐增多，消费者选择文化产品和服务的方式和渠道也日益增多。因此，如何增强文化内容产品的用户黏性，提高文化产品的竞争力成为数字经济时代文化内容生产的核心问题。在要素流动方面，数字经济时代对文化内容生产的要素流动提出更高的要求，如何满足大众化的文化内容创作需求，实现生产要素更便捷的流动逐步成为文化内容市场运营的核心问题。

随着数字经济的发展，新技术、新模式的不断运用，使新的作品表现形式、使用方式不断涌现，这也导致新情况、新问题日益增多。文化内容生产应直面新技术对市场管理运营所带来的冲击，遵循客观规律、秉持开放理念、解放思想、实事求是。坚持守正创新、全面保护、质量优先、开放合作、统筹协同的原则，推动市场管理运营与数字经济发展相适应。此外，在数字经济时代还要积极拥抱技术所带来的变革，不断探索运用新技术、管理新模式，不断拓宽数字经济时代的管理运营新思路，推动文化市场实现繁荣发展。例如在版权管理方面，中国版权保护中心与华为公司共同构建的数字版权唯一标识符（Digital Copyright Identifier, DCI）体系，依托区块链技术，为版权确权、管理、应用的数字化治理打造互联网版权保护基础。

二、行业稳定发展待巩固

文化内容生产在数字经济时代迎来了爆发式的发展，在极大丰富文化内容和产品形式的同时，让文化内容安全、内容监管、价值分配等方面迎来了新的挑战。如何确保在爆发式发展的同时，保持文化内容行业稳定、健康、持续的发展成为新的挑战。

文化是民族的血脉，是人民的精神家园。文化安全关乎国家稳固、民族团结、精神传承，是国家安全的重要保障。数字经济时代文化内容生产者队伍拓宽、生产效率极大提高，这在一定程度上会导致所生产的文化内容存在质量低下、内容低俗、原创率低、侵权频发等问题。这些不良内容和作品成为文化内容生产实现高质量持续发展的重大阻碍。此外，互联网为信息交流提高了便利条件，这导致不同文化在网络平台不断碰撞，对主流价值内容生产产生影响。这对文化内容生产提出了新的要求。

因此，如何强化文化内容生产的监管，加强文化内容生产的引导逐步成为目前亟待解决的问题。行业的健康发展离不开完善的管理制度，要不断加强管理制度建设，不断完善监管机制。同时要积极利用新技术强化管理力度、丰富管理手段，如通过区块链技术强化内容生产的过程和价值管理。此外，高质量的文化内容除了从专业上要讲求制作精良，更重要的是从价值观层面传递正能量导向。文化内容生产要坚持"内容为王"的发展原则，加大优质文化内容的促进力度，不断拓宽细分领域的文化内容生产，促进内容垂直化发展，避免同质化内容生产。在价值引导方面，要将价值附加于优质的文化内容上，贴近人民群众实际需求，生产人们喜爱的文化内容。着力构建群众喜闻乐见的话语体系，不断推出更多有温度、有思想、有品质的文化作品。要强化文化内容的传播方式，提高文化内容的吸引力、感召力。同时是要坚持精品文化创作，积极弘扬社会主义核心价值观，坚持以人民为中心的创作导向，不断推出符合时代、满足人们文化需求的作品。另外，还要坚持开放包容，积极吸收其他文化的优质内容，取其精华去其糟粕，要开放理念，汇聚广泛力量参与到大文化内容的创作生产当中。积极引导人民群众参与到文化内容生产过程中，释放文化发展潜力，激发文化发展活力，以促进文化内容生产健康、稳定发展。

三、治理技术创新待进步

文化软实力是国家治理能力的重要组成部分。正如习近平总书记所言，文化是一个国家、一个民族的灵魂。文化兴国运兴，文化强民族强。没有高度的文化自信，没有文化的繁荣兴盛，就没有中华民族伟大复兴。推进国家治理体系现代化也需要以文化的发展和传承为条件，以文化的繁荣兴盛为支撑。随着数字经济的快速发展，"互联网+文化"发展蔚为壮观，新业态、新模式不断涌现，如何推动文化管理体制改革成为新的聚焦点。文化治理现代化是国家治理体系和治理能力现代化的重要组成部分，要适应时代发展，创新治理方式要始终坚持以广大人民的根本利益为出发点，坚持以人民为中心，要坚持社会效益与经济效益相统一。

与历史上的技术变革相比，当下在人工智能、移动互联、云计算、区块链等诸多领域均不断涌现出革命性的新技术，这必将在更大范围、更深层次上引发一场更为深刻的科技革命和产业革命。随着新技术革命，实现文化治理的技术创新，其前提是要充分把握总体文化发展方向和趋势，全面客观分析当前发展形势，逐步推动管理体制改革。要创新管理模式，强化现代化技术在文化治理过程中的运用，充分发挥大数据、区块链等技术优势，及时分析掌握问题所在。中央财经大学文化产业系主任周正兵教授曾指出：中国文化管理体制既有作为宏观管理制度的一般属性，即基于市场配置资源基础上的政府规制，又有作为中国特色社会主义制度建设重要构成的特殊性质，即社会主义文化发展有着明确的目标——"为人民服务，为社会主义服务"，强调"社会效益放在首位、实现社会效益和经济效益相统一"的基本原则。

在推进国家治理现代化的过程中，如何实现文化治理技术创新？应思考如何利用新兴的科学技术丰富人民群众的文化生活，打造受群众欢迎的文化精品。依托大数据、人工智能等相关技术，为文化创意产品的创作生产与传播推广提供激励，为群众性文化活动的开展提供技术支持，鼓励社会力量参与公共文化服务体系建设。新技术的应用可以让国家更了解人民，只有在正确理解民意的基础上，国家才能建立有效的舆论引导机制。新技术的产生也是为了更好地辅助人类活动，它本身虽然不是新的文化，但以互联网为代表的新技术在人民创造文化、塑造文化的实践中起到了重要的技术支撑作用，为中华优秀传统文化、红色革命文化、社会主义先进文化进行传播和赋能，进而将文化动能转化为国家治理效能。①

第四节　数字经济时代的网络艺术生产

数字时代背景下，新兴技术的发展已贯穿、融合到艺术管理的各环节。网络艺术也随之得到发展，如网络艺术内容创新、传播创新以及用户创新等。数字技术正全方位影响着艺术管理的发展趋势，网络艺术在数字时代正不断焕发出新的生机与活力。

一、数字经济与网络艺术生产创新

网络艺术自诞生以来，一直发展较为缓慢，但仍有许多机构始终对网络艺术的发展充满信心。在网络艺术的发展过程中，不断有新的网络艺术家涌现，也有传统艺术家不断参与，随着网络技术的发展，网络艺术的概念、范围也在不断地外延。

---

① 胡惠林. 国家文化治理：中国文化产业发展战略论［M］. 上海：上海人民出版社，2012.

网络艺术（也称为互联网艺术）主要是指通过互联网分发的一种数字艺术品。这种艺术形式规避了画廊和博物馆系统的传统统治地位，通过互联网提供审美体验。在许多情况下，观众会被吸引到与艺术品的某种互动中，这主要是通过多媒体技术进行的，并可以在互动中传递社会信息。网络艺术并不是简单将传统艺术进行数字化再上传到网络进行欣赏的艺术，它的主要特征是可以通过网络工具参与到艺术创作的全过程，这依赖于网络交互的优势以及多样文化的碰撞。

网络艺术始于20世纪90年代，那时艺术家主要基于互联网的结构方面进行创作。1991年，德国艺术家沃尔夫冈·施特勒（Wolfgang Staehle）建设了一个电子公告牌系统"The Thing"，这是一个聚集了艺术家、作家、各种文化工作者以及行动主义者进行探讨和传播"网络艺术"的网上论坛。此后随着网络搜索引擎成为访问网络的门户，许多网络艺术家将注意力转向了相关主题。1998年英国艺术家希思·邦廷（Heath Bunting）制作了名为《read me.html》的网络文本，在这个网页上，每一个单词都可以链接到同名的网址。其中名为"JODI"的荷兰—比利时组合的代表作品便是其中之一。① 整个网站只有一些混乱的数字符号，游客一路点击进去，最后出现的是编程代码——代码的形状就像一枚原子弹，这是人们对网络艺术的初步探索。

随着网络的快速发展，网络艺术的概念也在不断转换，其内容也在不断创新。网络艺术（也称为互联网艺术）包含"网络"与"艺术"两个领域，主要内容是指在网络上或者是为网络制作的艺术，主要通过互联网获得审美体验，其涵盖了各种以计算机为基础的艺术。② 现在随着数字经济的发展，催生出大量的数字化平台，其中一些数字化平台既是虚拟的也是现实的。国外的一些画廊、博物馆策划开展网络展览，如美国洛杉矶的光线画廊（Light

---

① 网站网址为：http：//www.jodi.org。
② ［英］雷切尔·格林.互联网艺术［M］.李亮之，徐薇薇译.上海：上海人民美术出版社，2016.

& Wire Gallery)、法国的超级艺术现代博物馆（Super Art Modern Museum）等。2013 年纽约移动影像艺术博览会有一个名为"史上成交的最短视频艺术"的项目，由玛丽娜·盖普丽娜（Marina Galperina）和凯尔·恰卡（Kyle Chayka）策展，包括 22 个不同艺术家的 6 秒作品，全部来自 Twitter 旗下的应用程序 Vine，用户可以通过这一应用程序分享短小的视频。其中一件由安吉拉·瓦施蔻（Angela Washko）创作的作品以 200 美元出售给了一位荷兰策展人。收益可能很小，但这一作品引起了媒体关注，它被称为"在商业市场上成交的首部以 Vine 制作的艺术"。

这些都表明了网络艺术是伴随着人类科学技术的进步而不断地发展并延续，并在艺术领域发挥推动作用，使相应艺术品同样具有重要价值：艺术是一个过程，这个过程具有的是艺术永恒意义，而非像先前一样制造一个"物体"。

二、数字经济时代网络艺术生产的机遇与挑战

互联网是传播人类优秀文化、弘扬正能量的重要载体，互联网与文化艺术的融合正在逐步影响和改变着传统文化艺术的呈现方式。随着二者的融合发展，网络艺术应运而生。网络艺术的创作依赖互联网，同时网络艺术的受众也需要通过互联网完成其鉴赏与互动。网络艺术也正是因为观众参与互动，而得到不断完善。

平台经济和数字经济的发展，给网络艺术带来了新的发展机遇，如生产工具发生改变、生产者队伍不断拓宽、生产力极大提高等。如微信、今日头条、抖音等平台媒体逐步发挥着重要的信息枢纽作用，重塑了数字经济和文化艺术传播生态，众多平台媒体通过聚合不同内容，变换出不同的风格。①这表明数字经济的网络艺术生产工具已经逐步由单一的网站向多功能的聚合型平台转变。同时，网络艺术的创作者不再仅仅是传统的网络艺术家，也逐

---

① 江小涓．数字时代的技术与文化［J］．中国社会科学，2021（8）：32.

步拓展到了普通用户，实现了大众化的创作。此外，网络技术的发展，使网络艺术创作形式、传播的方式以及生产效率发生了显著变化。

具体而言，首先，以微信、QQ等社交类平台为例，这类社交平台主要是建立在人们日常社会交往的需求上，通过搭建起信息沟通"桥梁"，参与人们的日常生活，并逐步发展为网络艺术的生产工具和传播途径，为人们参与网络艺术创作和进行网络艺术鉴赏、传播、交流提供平台，为受众提供评论互动区，打造便携式的"掌上艺术馆"；其次，以今日头条、澎湃新闻等资讯类平台为例，这类资讯平台更注重的是兴趣和算法，它们更多的是转载，依靠强大的算法和海量的数据分析，根据每个人的兴趣爱好，定制并推荐用户所喜欢的信息；最后，以抖音、快手等短视频平台为例，这类平台通过数字技术降低视频拍摄、制作的门槛，使普通用户可以轻松地通过移动智能设备进行视频制作，记录和分享生活百态。同时，沉浸式的浏览体验、无缝式的观感、碎片化的时间运用，让人们沉浸在大量精彩短暂的视频内容中，获得连读的短暂快感。

上述三类平台拓宽了网络艺术的创作、传播和展现形式。通过制作简单而又精彩的视频，让人们可以轻松地了解艺术信息，获得沉浸式的艺术体验。同时还具有较强的互动性，使更多用户参与艺术创作和传播。相关数据显示，截至2020年6月，抖音艺术类创作视频达到2.8亿个，累计播放1.5万亿次。2019年抖音发起"人人都是艺术家"挑战赛，引领用户参与艺术类短视频内容创作，平台还开发了"艺术家贴纸"等功能，用户拍摄时只需简单切换，就可以加入草间弥生的波点、达利的小胡子等艺术元素，体验数字媒介技术带来的新的艺术创作方式，此外，根据《2021年抖音数据报告》① 显示，通过抖音浏览非物质文化遗产成为一种新的潮流。2021年1557个国家级非遗项目的抖音覆盖率达到99.42%，相关视频数量同比增长149%，累计

---

① 巨量算数．［EB/OL］．［2022-02-22］．https：//trendinsight. oceanengine. com/arithmetic-report/detail/584.

播放量同比增长 83%。并且传统文化类直播最受关注，传统文化类主播收入同比增长 101%，网友通过打赏来助力国粹的传承。通过抖音逛博物馆已经成为一种新时尚，2021 年博物馆相关视频播放达到 380 亿次，相当于全国博物馆 2020 年接待观众人数的 70 倍，其中最受欢迎的博物馆有故宫博物院、秦始皇帝陵博物馆、中国国家博物馆、中国人民革命军事博物馆、四川广汉三星堆博物馆等。这都得益于数字经济的发展，为网络艺术的创作、传播提供了全新的发展平台。

数字经济时代不仅给网络艺术带来新的发展机遇，同时也使网络艺术面临新的发展挑战。依靠互联网发展的网络艺术，其必然会受到网络发展所带来的冲击，互联网的快速传播优势助力了网络艺术的传播与发展，但在快速传播的同时也导致了网络艺术作品的创意被复制等问题。同时，部分网络艺术的创作是在网民不断参与、不断碰撞过程中实现的，这也导致了网络艺术版权及价值分配存在界定不清的问题。

三、数字经济助推网络艺术生产

网络艺术的传播要充分发挥互动性，让观众获得沉浸式体验，这也是目前网络艺术传播发展的趋势。实现网络艺术的持久发展，需要以人们喜闻乐见的方式呈现，充分利用虚拟现实等技术，对艺术进行重构和再现，增加体验感和展示展览效果，增强与观众的互动性，以吸引更多的人参与网络艺术的创作和消费之中。

网络艺术的发展离不开网络艺术用户的参与，每个用户既是网络艺术发展的见证者，又是网络艺术的参与者。非营利数字艺术机构 Rhizome 的艺术总监迈克尔·康纳（Michael Connor）曾说过"假设艺术家，甚至是艺术本身，都完全沉浸在网络文化中，不再能够承担观察者的角色"。数字经济的发展，使网络艺术的创作者和参与者群体实现了极大拓宽，这得益于数字经济时代网络艺术生产工具和生产方式发展了变革，用户可以更加便捷地参与到艺术的创作过程中，艺术创作的门槛显著降低。

2017年4月1日，Reddit上发布了一则愚人节的社交实验公告。Reddit向匿名用户提供了一块空白的画布，号召用户在这个画布上创作，通过这种合作创造了一种混乱、戏剧性的艺术作品。点击公告进入后，显示器上会闪过一块空白的灰色屏幕，上面有一个调色板、一个滑块和一个写有"r/place"的标题。这样的一幅画布上，有几个像素已经上色了，点击一个像素，它会变成红色，同时一个5分钟的计时器开始在屏幕上闪烁。这个刚开始看让人摸不着头脑的东西，却是人类历史上最伟大的合作之一。

该图像是支离破碎、令人眼花缭乱的，它经过众多用户共同创作，但依然可以辨识出一些人们熟知的文化符号——从各国国旗到各类游戏角色，从体育运动到艺术作品。这些图片元素虽然排列杂乱无章，但都保持着一定的独立性与完整性，星罗棋布地分布在画布上。若是近距离对这张画布仔细观察，会发现更多有趣的细节。从宏观的角度看这张画布，会发现这幅图像是互联网时代下年轻人文化的一个缩影。随着计算机技术与互联网的发展，动画、游戏、体育与网络社区塑造了新一代年轻人的共同经历和回忆，而Reddit则把这些世界各地具有共同经历、爱好与价值观的年轻人凝聚在一起。一幅Place画卷（见图3.2）展现出了一代人成长的文化环境，也借此联结起各地域中有着相似文化体验的个体。

但这并不是新的原创游戏，2005年，"百万美元主页"网站曾以1美元1个像素的价格出售版面给广告公司。二十余年后，Place的"5分钟冷却时间"给了用户流动性的创作空间，游戏头像、品牌标识、各国旗帜甚至是蒙娜丽莎的肖像都在页面上活跃起来。在三天时间里，用户实时在线人数一直保持在10万以上，总共超过100万个独立用户为这个平台作出了贡献，填色的像素数量超1600万。也就是说，Place是一场前所未有的大规模合作，且在没有管理者监督的情况下，通过汇聚大量用户的投入和努力完成一次网络艺术创作过程。

图 3.2　Reddit Place 2017

资料来源：http：//www. redditinc. com.

　　因此，在数字经济时代的网络艺术作品具有综合性的特点，是集多元化方式、要素于一体的作品。数字经济时代网络艺术的生产要素可以更加灵活地流通，同时创作门槛的降低使用户可以拥有丰富的文化资源以实现更加多样的艺术创作。此外，大数据、区块链等技术的运用，为网络艺术的版权管理、价值分配等问题提供了有效的解决方案。数字经济时代网络艺术的持久发展，必须坚持开放、包容的发展原则，积极吸引传统艺术家参与，还应借助数字经济发展的契机，广泛吸引众多消费者参与，在参与中创作，在包容中创作。

第四章 数字经济推动公共文化治理能力提升

第一节 数字经济与公共文化服务

我国公共文化服务的发展在我国现代化技术与数字经济的驱动下不断得到完善，我国公共文化服务改革可以按照各阶段的技术发展进行划分，按照这种划分标准，公共文化服务改革可以分为三个阶段：①信息化时代，大约从 20 世纪 50 年代中期开始，以"计算机自动检索"为代表性象征；②互联网时代，从 1994 年开始，以基于互联网公共文化服务模式创新为代表；③数字化时代，以"互联网+"、公共文化数字化以及公共文化数据资源的开发与利用为主要标志。

一、信息化时代的公共文化服务

20 世纪 50 年代中期到 1994 年的信息化时代，公共文化服务建设处于摸索阶段，该阶段的公共文化服务体系建设，主要围绕公共文化服务信息化的特征进行：

（1）公共文化服务信息化的本质特征，是公共文化服务内容、过程和人的信息化。在改造服务内容和服务过程的同时，使服务人员成为信息化公共文化服务建设的主导力量。

（2）形态特征，是在公共服务的内容产生和管理两个层面，实现资源信息化、管理自动化。借助"计算机"建构信息化平台，建立不同部门、行业之间的信息共享与安全机制，进而形成庞大的服务网络。同时，将信息工具（计算机技术）应用于公共文化服务管理全过程，对管理与服务过程进行信息化管理，从而有效地提高服务效率。

（3）创新性特征，包括技术创新与体制创新。技术创新保证公共文化服务模式的改造，体制创新为信息技术在公共文化服务领域的广泛应用奠定基础。

（4）效益特征，是指在提高全社会公共文化服务效能的基础上，保障基本文化权益的社会效益。

另外，信息化时代的公共文化服务以图书馆居多，图书馆拥有巨大的公共信息资源，是公众获取资源的重要渠道；图书馆在公共文化服务体系中承担着文化教育的重要角色，其丰富的书籍资源为文化的建设提供了诸多便利，为人们提供学习和成长的智慧空间。通过应用信息技术对公共文化服务资源进行深层次的开发与利用，使公共文化服务产品的生产水平、供给能力得到提升，进而产生体现公共文化服务职能的综合效益。[①] 例如，在 1993 年，上海图书馆借助上海人民广播电台"旅游巴士"专栏平台宣传图书馆的旅游文化部门，为之后开展全市性的旅游文化信息服务打下了基础，同时又极大地促进了公共图书馆事业的发展。[②] 1995 年，国际上已经有 60 多家图书馆成为 INTERNET 国际网的正式成员，实现了远程联网共享文献信息。[③]

由此可见，信息化时代的计算机自动化技术为社会公共文化服务的发展

① 赵红川．信息化发展与公共文化服务变革 ［M］．北京：社会科学文献出版社，2012.

② 杨勤．图书馆开展旅游文化服务初探 ［J］．图书馆建设，1994 (4)：65.

③ 孔少华，李成飞．我国文化科技管理工作四十年回顾（1978−2018）［J］．今日科苑，2019 (11)：64−73.

提供了一种新型的文化资源交流方式，创新了公共文化服务模式，变传统的静态书本式文献服务为资源共享式服务，有效提升了公共文化服务质量和服务效能。

二、互联网时代的公共文化服务

1994~2015 年，公共文化服务体系不断完善和深化。互联网时代，公共文化服务供给与服务模式的变革对推动我国的文化事业发展具有重大意义。①

互联网包括内联网与外联网，内联网的价值在于优化政府部门及其他主体力量内部的管理，不仅提高了自身公共文化服务的管理效率，并且方便了与其他行为体之间的交流，简化联系程序，降低沟通成本，使全社会的公共文化服务资源配置更加高效、合理。外联网技术的出现则打通了政府、市场、企业等主体与用户的联系，公众可以直接向服务管理部门获取并反馈服务信息。于是，服务供给方与需求方的服务管理模式开始发生变化，互联网像一股巨大的力量将原本金字塔形的组织结构从上到下压扁，形成一种交错的网状结构。

互联网时代背景下公共文化服务体系的建设主要有以下三大优势：

（1）分工合作，效率显著。目前，除了政府之外，公共文化服务体系的建设力量还包括一些文化企业及民众，各主体通过外联网更好地了解用户的文化需求，提供"针对性服务"，通过内联网加强与其他主体之间的联系与沟通，明晰各自任务，明确分工，提高服务效能。

（2）信息共享，科学公正。以公共文化服务志愿者为例，互联网技术可以有效实现文化志愿者之间的信息共享与资源的整合利用，互通互联，提高其队伍建设的科学化水平。同时互联网还可以为不同文化志愿者服务提供各种专业化的契机和平台，不仅可以有效促进线下服务高效高质地进行，并且

---

① 王篆. 互联网视域下公共文化服务发展的新趋势 ［J］. 人文天下，2016（21）：28-31.

实现了线上线下文化志愿服务管理功能的全面覆盖和高度融合。同时，用户也可以随时随地了解到最新的公共文化服务信息及内容，避免政府等部门的"选择性屏蔽"，保证服务的公平、公正、公开。

（3）协同创新，多元开发。目前各主体力量分散，协同机制需要健全，借助互联网技术建立一种整合机制治理体系，同时发挥各自优势，避其劣势，进而形成系统最强合力。借助开放式的互联网这一工具，创新公共文化服务供给机制，扩大公共文化资源的有效供给，突破传统的供给模式对文化资源的限制。同时，在现实需求的基础上，以技术创新激发文化创意，建立互联网公共文化服务平台，注重对平台的多元开发，灵活配置公共文化资源，充分发挥文化资源的特色化、差异化及多元化优势，使公共文化服务与互联网技术深度融合，更好地满足用户的多样化需求，提高服务质量与效能。

互联网时代，前期借助网站、搜索引擎等进行公众的信息搜集，并通过互联互通为大众提供所需资源，降低了成本，提高了服务效率；后期随着在线支付与物流信息技术的流行，开始注重差异化的公共文化服务，通过提高服务质量提升大众满意度。在互联网技术的作用下，公共文化服务多元主体的内外部管理作用增强了，影响服务运作效率的中间环节消失了，用户的信息反馈及时了，公共文化服务效能提升了。

三、数字经济时代的公共文化服务

2015 年以后，数字资源成为重要的生产要素，推动公共文化服务建设工作进一步跨越式发展。2017 年，数字经济第一次出现在政府工作报告中，这意味着数字经济发展已经上升到了国家战略高度。[①] 随着云计算、区块链、大数据等先进技术的发展，新兴技术全面赋能经济社会运行，数字资源的价

---

① 热点我见. 我国数字经济发展现状及未来前景［EB/OL］.（2022-03-07）［2022-02-22］. https：//baijiahao. baidu. com/s？id＝1726602030045301679.

值更为重要，尤其是公共文化数字化资源，其不仅是服务产品更逐渐成为重要的生产力。数字经济的发展一方面不断地推动公共文化服务与新技术深度融合，另一方面也对现阶段公共文化服务的全面发展提出了更重大的挑战。公共文化服务需要进一步在创新治理理念、推动数字资源的要素化、适应数字经济时代的需求与服务特征上着力。

数字经济时代数据资源的分配以及数据要素的配给成为主要特征，对于公共文化服务而言，面临着重要的生产力、生产关系的变革。在人类全面进入数字经济时代的大背景下，公共文化服务也将围绕数据要素的分配而发展。

第一，治理理念的创新，公共文化服务机构不再仅仅是资源的拥有者和服务的提供者，更重要的是数字文化生产要素的配置者。在公共文化服务和治理过程中，如何通过新技术采纳、服务算力提升、数据要素的有效配置实现数据资源的要素化，以数据要素有效配置实现公共文化服务治理能力的全面提升和支撑政府治理能力全面创新，这是公共文化服务创新改革的重要方向。

第二，以数据要素为驱动的服务创新，在数字经济时代，公共文化数字资源的价值特征、市场化特征更加突出，公共文化服务资源、公共文化服务数据要素的分配要满足公共物品的需求，同时市场化的配置需求更强，推动公共文化服务产业化、市场化的发展。随着智能化、数字化发展，公共文化服务质量明显提高。在初级发展阶段，数字公共文化服务是指实现数字文化资源等价值创造的数字化形态；而在高级发展阶段，公共文化服务数字化实现了用户、产品和资源的全封闭式数字化产业链，从而形成多层次的价值体系。

第三，数字经济时代公共文化服务供需关系更加复杂，公共文化服务的供给者更加多元化，可以借助数字技术，创新社会力量参与公共文化服务方式，比如对存在管理困难的公共文化设施，通过构建公共数字文化服务系统，引入相关企业或社会组织进行运行，并进一步完善公共文化机构治理结构，使公共文化服务呈现出新产品、新业态等多种形式。

综上所述，数字经济时代公共文化服务呈现出新的特征：

（1）技术层面，信息化时代以计算机自动化技术为代表，以"计算机"构建信息化平台，实现自动化管理；互联网时代以互联网互通互联技术为代表，加强各组织内部及与公众的交流和沟通，创新公共文化服务供给和服务模式；数字经济时代以数字资源的配置技术为代表，通过区块链、云计算、大数据、人工智能等现代化技术实现公共文化数据资源的有效配置，提高公共文化服务效能。

（2）理念层面，信息化时代以服务与管理的自动化、高效率及以用户为中心的理念为主导，在保障用户基本公共文化权益的基础上，更好地保障了其享受公共文化资源的综合效益；互联网时代以跨时空服务的理念为主导，既保障了公共文化资源的共享，又有效地降低了服务成本，提高了服务效率；数字经济时代以数据要素驱动的治理理念为主导，该阶段公共文化服务机构既要充当公共文化数据资源的提供者，又要担当数据要素的配给者，既能提高数据资源的供给效率，又能有效解决数据资源分配不均等问题。

（3）服务模式层面，信息化时代以计算机自动化检索、资源共享服务模式为主，保证文化资源的均等化共享，保障了公众享受公共文化资源的社会权益；互联网时代以内外联网协同服务模式为主，通过内联网加强公共文化服务各建设主体力量之间的沟通，通过外联网更高效地了解公众的文化需求，内外结合，协同交流，提高效能；数字经济时代以数据要素的数字化、智能化服务为主，不仅是公共文化服务机构，同时公众都要参与数据资源的分配以及数据要素的优化配置，提高服务机构服务效率的同时提升用户的服务满意度。

（4）资源价值层面，信息化时代专注于实现传统资源的信息化、自动化，使传统文化资源在广大用户之间实现有效传播、资源共享；互联网时代专注于实现公共文化资源的网络协同、规模服务价值，政府、企业和民众之间分工合作、信息共享、协同创新，保证服务的质量与效能；数字经济时代专注于数据的要素分配价值，借助数字资源的配置技术实现数据要素的"精准化"配置，简化服务程序，提升服务效能。

（5）治理创新方面，信息化时代关键在于信息化的治理方式，推动纸质资源全面信息化，既创新了公共文化资源的承载方式，又使其在管理过程中更加方便、灵活；互联网时代在于实现互联网治理的互通互联，各主体力量共同分析文化服务发展过程中存在的问题，协同治理，通过"互联网+"推动公共文化服务创新和治理效能的提升；而数字经济时代侧重于要素价值的全面体现，推动数据资源的要素化配置，提升公共文化数据资源价值，加强数据资源的整合与保护，实现数据资源价值的最大化利用。信息化时代、互联网时代和数字经济时代三个时代标志性特征对比如表4.1所示。

表4.1　信息化时代、互联网时代、数字经济时代特征对比

时代划分	技术	理念	服务模式	资源价值	治理创新
信息化	计算机自动化技术	服务管理自动化以用户为中心	计算机自动化检索资源共享服务	实现传统资源信息化、自动化（有效传播）	信息化的管理治理：推动纸质资源全面信息化
互联网	互联网的互联互通技术	跨时空服务；低成本高效率	内外联网协同服务：内联网加强各建设主体力量之间沟通，外联网了解公众的需求	实现文化资源网络协同、规模服务价值；分工合作、信息共享、协同创新结合	互联网治理的互通互联：通过"互联网+"推动服务创新和治理效能的提升
数字经济	数字资源配置技术区块链、云计算、大数据、人工智能	数据要素驱动的治理理念公共文化服务机构发挥数据要素配置作用	数据要素的数字化、智能化服务，文化服务机构与公众参与到数据资源的分配及数据要素的优化配置中来	实现数据要素的分配价值与精准配置，提高服务效能	要素价值全面体现：推动数据资源要素化配置

第二节　数字技术创新与公共文化服务能力提升

数字经济时代数字资源的配置技术对公共文化服务能力创新具有重大意义，中国公共文化服务借助数字经济关键技术进行升级改造，公共文化资源的公益性、均等性、便利性特点得到充分彰显。其中，大数据技术为分析海量的公共文化数据资源提供了技术支撑；移动互联网技术为实现全国乃至全球各地用户共享公共文化资源提供了可能性；云计算在推进政府管理与文化服务现代化的融合、提升管理效率方面具有不可忽视的作用；区块链在保证公共文化数据要素的审核流转，实现数据价值的合理分配方面具有重大意义；人工智能为公共文化服务体系建设的多元化智能参与实现全智能化提供了技术保证。

一、大数据技术与公共文化服务

2019 年，文化和旅游部等六部委联合发布的《关于促进文化和科技深度融合的指导意见》指出，要落实国家大数据发展战略，强化顶层设计，加快建设全国文化大数据系统，建设共享、安全可靠的文化大数据体系。所谓的大数据技术是指将收集到的数据进行存储和管理，并通过可视化等技术手段进行分析和挖掘，创新服务形式。大数据应用将大数据技术与数据融合，并对所获取的海量服务信息进行加工，从而实现信息生成的价值。大数据技术能够迅速地对各种公共文化服务内容进行高效的数据处理，并从中获得有用的信息，实现精准服务。

大数据技术在数字经济时代背景下应运而生，对于数字经济时代而存在的公共文化数据资源其内容复杂多样、服务形式多变，公众多元化的文化需求无法得到精准配对，海量化数据信息映入眼帘却无法实现各取所需，要想实现供需的高效匹配，或程序烦琐，或成本较高，或供给服务存在差距等，大数据技术创新了解决问题的方式，有利于提升用户的服务满意度。

运用大数据技术革新了公共文化服务的供需机制，降低了寻求公众服务的成本。在公共文化服务的需求方面，通过大数据技术，能够有效地了解群众的文化服务需要，在获得表面的信息后，充分挖掘其背后的内涵，深入了解公众的精神文化需求，从而为广大人民提供更多的文化服务，① 减少了服务程序与资源消耗，提高了供给与需求的匹配效率。同时，利用大数据技术对各种类型的信息进行分类、分析，衡量其社会价值，从而为改进公共文化服务的供给提供科学依据。②

通过大数据技术改善了公共文化服务的均等化程度，使政府能够对用户的文化需求进行及时、有效的回应，提高了公共服务供给的决策效率和服务质量。一方面，利用大数据技术，对不同区域之间的公共文化服务需求进行分析，并结合地方公共文化服务发展的指标，来确定其供应的均衡程度；另一方面，通过各种数据，可以反映不同人群的公共文化供应状况和其他相关信息，发现不同人群的公共文化服务供应存在的差距，以便有针对性地改进和补充。

运用大数据技术促进公共文化服务系统的发展早已成为当今世界关注的焦点，世界各国也早已意识到大数据技术在公共文化服务中的重要作用，并纷纷进行了实践。例如，早在 2013 年，美国丹佛公共图书馆就推出了一项"服务传递"（Service Delivery）的大数据项目，该项目采用市场分割的概念，并运用数据驱动的方式，对公众的兴趣进行预测，以提供更精确的服务。同年，美国科罗拉多历史博物馆开始了大数据应用的尝试，在 IBM Cognos 商业智能的基础上开发了一套新的数据分析系统。借助大数据技术，博物馆不仅

---

① 张可. 大数据背景下公共文化服务体系创新研究——以贵州省"多彩贵州文化云"为例 [J]. 大众文艺, 2019（23）：10-12.

② 罗卫. 基于大数据的公共文化服务精准供给模式分析 [J]. 科技风, 2019（27）：69, 77.

可以实时获得像门票收入等相关数据，还能够以小时为单位获取来访者的情况。通过数据的挖掘与分析调整博物馆的运营方案，使博物馆的用户增加了1 倍，大数据分析也提升了博物馆推出服务新方案的效率。利用大数据技术进行公共文化服务创新，既是社会和经济同步发展的标志，又是加强公共文化服务体系建设的重要举措。

二、移动互联网技术与公共文化服务

近几年，IT 行业不断发展，移动互联网技术已经成为当前社会一大主题。2017 年 1 月 16 日，中共中央办公厅、国务院办公厅发布的《关于促进移动互联网健康有序发展的意见》指出，要大力推进移动互联网与服务业、农业、工业深度融合，通过信息流带动技术、资金流，实现信息的流动，强化移动互联网的推动与引领作用。在此背景下，移动互联网技术也得到了更好更快速的发展，在公共文化服务体系建设过程中也被广泛使用，并且在之后的一段时间内表现出良好的发展态势。

数字经济时代，移动互联网技术对于公共服务体系建设过程中关于文化数据要素资源均等化共享和个人信息泄露的安全问题解决具有重大意义，在安全维护用户个人信息的同时保障其均等地享用公共文化资源是公共文化服务建设的一大目标。而移动互联网技术作为推动数字公共文化服务发展的重要载体，是将传统文化与科技相结合的一种新型技术。该技术对于保障用户的个人信息，推动数字资源利用，打破时空障碍，实现公共文化服务创新与均等化，确保互联互通具有重要意义。数字图书馆、数字美术馆、数字博物馆等公共文化服务机构通过移动网络技术将"活文化"推向全国各地乃至全球各国，打破时空壁垒，实现跨时空交流，使静态的公共文化"活"起来，统筹文化科技的有机融合，为群众带来未曾经历过的公共体验，既保障了文化数据要素资源的共享，促进边远地区公共文化服务的均等化，又有效推进了社会公共文化事业的发展。在维护用户个人信息安全的维度上，我们要以

移动互联网技术为基础，将已有的文化资源数据化，主动与互联网对接，针对用户使用公共文化资源可设置一个加强型加密机制，增加抵抗恶意攻击的安全特性等机制，提高移动互联网的接入安全能力，进而保障公共文化服务体系的安全性建设与完善。

如今，移动互联网技术的优势逐渐显现，随着 5G 时代智能手机的普及和各种应用的推出，互联网从 PC 端走向手机及其他移动设备，移动互联网技术使公众可以随时随地地享受公共文化服务，公共文化服务的即时性、实用性、便利性得以体现。而当今移动互联网技术的发展速度远远超出人们的想象，及时跟进和关注技术发展趋势以及带来的影响就显得格外重要，在利用移动互联网技术有效建设公共文化服务系统的同时，我们也要正确认识和把握技术的先进性，积极地进行新技术的开发和更新，并及时反馈。

三、云计算与公共文化服务

2006 年，时任谷歌 CEO 的埃里克·施密特在搜索引擎大会上，首次提出"云计算"（Cloud Computing），意味着互联网的发展进入了一个新的阶段，宣告了云计算时代的到来。2009 年 5 月 22 日，中国首届云计算大会召开，此次大会的召开，标志着中国对云计算的发展越发重视，云计算也不断加快了中国的技术进步步伐，创新了文化服务模式，在公共文化服务体系建设过程中发挥着举足轻重的作用。所谓云运算，是指人们通过网络"云"将海量的数据运算处理器分割成许多小程序，并通过多个服务器组成的操作系统对其进行分析，这些小程序得出结论并反馈给使用者。对于政务用户来说，随着公共文化服务体系的建立，云计算技术不但可以提高政府效率，进一步提升整体部门的工作效率，节省信息化成本，还可以支持其进行管理模式革新和向服务型政府的转变。

数字经济时代，云计算对于用户公共文化需求难以收集，相关数字资源服务缺少针对性与互动性，文化资源的服务难度越来越大①，缺少文化资源共建共享、数据交换方便的技术支持环境，"一刀切"（用统一的标准解决不同的问题）的方式构建了众多"孤岛"，文化资源重复建设，资源与设备规模日渐庞大导致管控难度较大的问题解决具有重大作用。一方面，云计算依靠其特性能够根据民众的需要动态地进行资源分配，并在资源分配中加入更多的可利用资源，从而达到快速、灵活的资源供给。② 如果用户不再使用该资源时，可释放这些资源，进而实现公共文化数据要素的合理调配且避免浪费；同时，云计算需求服务自助化的特点可以为公众提供自助化的文化资源，无须与供应商进行交互就可以获取文化资源。云系统还为群众提供一定的应用服务资源目录，用户可以自行选择符合自己需求的服务项目与内容，实现公共文化服务的公众化，提高人们对公共文化服务的满意度，带动服务主体建设力量效率的提升，进而推动公共文化服务效能的提升。另一方面，云计算作为一种新型的信息资源管理和计算服务模式，可以充分利用网络上的存储、计算等资源，通过统一的管理和调度，提高部门的管理效率，将大量高度虚拟化的资源管理起来，形成一个大的数据资源库，在云计算的技术环境下，这些数据要素对大众来说是透明的、无限的，不仅降低了政府、企业等主体力量的数据资源管理难度，并且保证了向用户提供实时、按需的服务效率。

早些年，有许多省份城市已经着眼于云计算的独特优势，开展基于云计算的服务内容。例如，2011 年 9 月，"深圳大学城云计算服务平台"作为中国首家基于"社区云"模式建设的云计算服务平台正式上线，面向深圳高校、科研院所、服务机构、教师、学生、单位职工等。2013 年，深圳市罗湖区作为第一批建立和应用云计算技术建设和应用的试点城市，以强化应用、

① 陈顺. 基于云计算的公共数字文化服务技术支撑平台建设——福建省数字图书馆推广工程建设的探索与实践［J］. 国家图书馆学刊, 2012, 21 (5)：66-70.

② 聂佳志. 基于云计算技术的图书馆公共文化服务效能提高方案研究［J］. 图书馆学研究, 2014 (9)：24-27.

突出实效为主线，充分利用云计算在全区资源共享、支撑能力、创新建设和服务方式上的优势，积极推进政府管理和信息化建设相融合，创新信息共享和业务协同模式。由此可见，云计算无疑对公共文化服务的意义巨大，创新了服务形式，提高了服务效能。

四、区块链与公共文化服务

2008 年 10 月 31 日，中本聪第一次将"区块链"概念引入《比特币白皮书》。随着比特币热度的不断高涨，区块链技术得到了全世界的广泛关注，并对各行业产生了巨大影响。[①] 2016 年 10 月，工信部公布了首个官方指导文件《中国区块链技术和应用发展白皮书》。区块链技术的核心是分布式数据存储、共识机制、点对点传输等技术的融合，推动公共文化服务智能化的实现，为更有吸引力的现代化公共文化服务的发展和更广泛、多样的文化资源共享空间的形成提供了可能。

随着数字资源配置技术的不断进步升级，区块链的技术优势开始显现出来。如今文化数据信息时而呈现出虚假性、劣质性，文化服务质量大打折扣，提高了文化数据资源处理的难度，增加了服务运行与维护成本，服务流程的烦琐程度大大降低了服务效率。另外，随着公共文化服务市场化的发展，多样化的服务供给、多元化的文化信息在一定程度上使文化服务管理难度大大增加。区块链作为一项颠覆性技术，将从资源、服务、管理等多个层面提高价值分配的效率：

一是资源方面。在公共文化服务的建设中，区块链确保了文化数据资源的真实性和唯一性，并且该技术能够在资源共享的情况下，利用内部资源的验证机制，实现资源的审核、流转、共享等环节的自动化，确保共享主体之

---

① 王丹，陈雅. 基于区块链技术的公共数字文化服务云平台架构研究［J］. 图书馆学研究，2021（11）：32-39.

间的信息透明、不可篡改。①

二是服务方面，区块链"去中心化"的特性，使中央数据库分布到公共数字文化服务者的各资讯节点上，不仅可以减少数据存储费用，提高数据处理的灵活性，而且大大减少了操作与维护成本。在一个统一的区块链体系下，各个信息节点可以根据实际需求对各方面模型进行快速更新，从而降低因中间环节导致的时间和资源的冗余，进而增强整个产业链流通性，极大地提升了服务效能。

三是管理方面。近年来，随着市场参与者的增多使公共文化服务的管理信息增多，管理难度大幅增加。而运用区块链的分布式账本、加密、共识等技术手段，可以有效推动行政机关、社会、群众等主体之间的良性互动，实现在中央机关的集中控制下各方参与主体自治的目的，从而提高文化资源的利用率，实现文化资源的有效分配，进而提高价值分配的效率，保障公共文化服务的均等化，促进公共文化管理效率的提升。

近两年，基于区块链技术的公共文化服务逐渐呈现在人们的日常生活中，为人们的生活事务办理、交通出行等方面带来了极大的便利。例如，在2020年，北京市以区块链为基础进行信息共享制度改革，并将区块链广泛应用于公共文化服务领域，市、区两级90%以上的政务服务事项实现网上可办，通过"北京通"APP、微信、支付宝、百度等渠道可办理的服务事项超过600项，在文化服务领域探索区块链技术应用已初见成效。2020年12月30日，在宁波区块链新品发布大会暨区块链专委会成立仪式上，宁波市民卡公司推出的智慧民生服务链呈现在大众的视野之中，宁波市民卡公司介绍智慧民生服务链时表示，乘客的扫码订单、用户信息等数据都会被标签上链，由链上各节点进行数据共享，并以此为基础，为各节点提供公交换乘订单周期的优

---

① 魏大威，董晓莉. 利用区块链技术驱动国家数字图书馆创新升级［J］. 图书馆理论与实践，2018（5）：98-103.

惠，从而实现多站点的换乘优惠，体现了公共服务的便利化与均等化特点。

五、人工智能与公共文化服务

从国家政策方面来看，中国从 2015 年开始便对人工智能进行相关规划，"智能制造"被定位为中国制造的主攻方向。2016 年被称为人工智能元年。2016 年 4 月，工信部、国家发改委、财政部联合发布的《机器人产业发展规划（2016~2020 年）》指出，机器人产业发展要推进重大标志性产品率先突破。2016 年 5 月 23 日，《"互联网+"人工智能三年行动实施方案》由发改委、科技部、工信部、网信办共同发布。文件提出，中国要建设人工智能产业体系、创新服务体系及标准化体系。例如，在 2022 年的北京冬奥会，机器人为冬奥保驾护航、为赛事智慧赋能，做中国"科技冬奥"的先锋，是智能科技的亮丽名片，充分体现出中国的服务全智能化水平。

随着数字经济时代的全面来临，人工智能服务逐渐出现在大众视野当中，对于创新公共文化服务形式、提高服务效能具有重大意义。现如今文化数据资源变得复杂多样，对于公共文化服务机构人员的要求也越来越高，为了实现公共文化服务供需匹配的高效率，需要耗费大量的物力和人力，对于文化服务机构人员素质提出了新的挑战。在人工智能不断发展的趋势下，公共文化服务体系建设应着眼于人工智能所存在的优势，通过公共行为、前台行为、后台行为和服务支持等结构化的服务蓝图与智能决策，向公众提供优质、全智能化的文化资源及文化服务，使公共文化产品、资源、服务与大众需求相适应。[1] 另外，基于人工智能的发展，以参与性的设计思维从多角度对公共文化服务体系进行完善，即由公共文化组织、社会力量和用户组成的参与对象将政策、文化资源、设备平台和公众需求有机结合起来，向协作型、技术型和智能型方向拓展，最终以人工智能为主体的参与型公共文化服务设计为

---

①　徐延章. 人工智能时代公共文化智慧服务设计研究［J］. 文化产业研究，2020（2）：45-58.

用户带来全新的体验,① 既有效节省了人力资源,又实现了多元化的智能参与,提高了智能化水平,更好地为用户提供精准服务,进而提升服务效能。

人工智能的出现对公共文化服务的发展无疑具有重大的推动作用,中国一些省市也逐渐开始采用人工智能技术,推动产业技术的创新,提高服务质量与效率。例如,2019 年,深圳福田区政府信息公开实验室正式上线在人工智能领域的应用与创新服务中心。福田区大力推行"创新福田""智慧福田"等发展战略,推动人工智能技术与行政服务深度融合,创建人工智能应用示范基地,推动深圳市智能经济、智能社会建设,并在 2020 年出台了《福田区支持新一代人工智能产业发展若干措施》,在科技园建立"智慧企业"工作站,推动"智慧企业"项目的产业化。如今,人工智能在公共文化服务领域应用的成功案例比比皆是,在人工智能的帮助下,未来的公共文化服务必然会得到进一步的发展。对数字技术解决公共文化服务存在问题、具体措施及价值优势的对比如表 4.2 所示。

表 4.2　数字技术解决公共文化服务存在问题、具体措施及价值优势对比

数字技术	解决问题	具体措施	价值优势
大数据技术	文化数据资源服务形式多变	创新供需机制,简化服务程序与减少资源消耗;对文化需求进行分析,发现不同人群服务供应差距,保证服务均衡化	对海量化数据进行分析加工,数据处理效率高,在低成本、低能耗的基础上保证精准化服务
移动互联网技术	要素资源配给均等化和个人信息泄露问题	通过移动互联网互联互通保障要素资源均等化共享;将已有文化资源数据化,主动与互联网对接,提高接入安全能力	技术跨时空性,使人们可以随时随地享受公共文化服务,体现出文化服务的即时性和便利性
云计算	用户需求难以收集,现有服务缺少针对性与互动性;文化资源重复建设管控难度大	根据民众需求进行有针对性的资源分配;统一管理调度大量高度虚拟化数据资源	提高政府效率,节省信息成本,革新管理模式

① 徐延章. 人工智能视域下公共文化服务设计策略［J］. 艺术广角,2020（6）:108-113.

续表

数字技术	解决问题	具体措施	价值优势
区块链	文化数据资源的虚假性与劣质性，多元文化信息增加管理难度	区块链内部资源的验证机制；去中心化提高数据处理灵活性；采用分布式账本、加密和共识等手段	形成广泛、多样文化资源共享空间，提高价值分配的效率
人工智能	传统文化服务实现精准化供需匹配需耗费大量的物力和人力，对人员素质要求较高	基于人工智能公共行为、前后台行为和服务支持等结构化服务蓝图，以参与性的设计思维对服务体系进行完善，实现协作型、技术型和智能型发展	实现多元化智能参与提高智能化水平

第三节　数字经济时代提升公共文化服务效能的举措

无论是从信息化时代、互联网时代、数字经济时代的公共文化服务内涵与特征来讲，还是基于大数据技术、移动互联网技术、云计算、区块链和人工智能等数字资源的配置技术对于公共文化服务发展的贡献层面来讲，其最终的目的在于有效提升公共文化服务效能。而公共文化数据要素资源的内涵丰富充实、服务形式多样、配给均等高效均离不开新技术的保障、管理理念的创新以及文化资源的最优配置，三者合力方能促进公共文化服务效能的提升。

一、新技术的应用与公共文化服务效能提升

数字经济时代所带来的新技术在融入公共文化服务发展过程中，公共文化服务机构可借助虚拟现实、人机交互等智能技术，突破空间、地域的限制，对各种文化资源进行数字处理与保存，打破传统公共文化服务的服务局限性，

超越时空的界限。一方面，用户可根据兴趣爱好自行选择公共文化服务类型，体验数字化带来的多样化文化感受；另一方面，数字资源的配置技术可以将彼此分离的公共文化资源实现共建共享，推动服务范围的最大化。同时，随着公共文化服务基础设施的不断完善，公共文化结构依托网络云平台与实体机构，将打破现有壁垒，构建全方位覆盖的基础性共享文化资源数据库。①

二、管理理念的创新与公共文化服务效能提升

以"十四五"规划发展目标为核心的公共文化服务体系建设，坚持系统性、整体性、持续性的发展管理理念，充分发挥政府的主体地位，统筹规划公共文化服务发展，特别是农村偏远地区、老少边穷地区的基础设施建设和网络化、数字化建设，确保公共文化服务设施多样化、使用便捷化、配套服务人性化。此外，参与公共文化服务的各方力量对"协同管理"的认识也在逐步加深，管理效率得到了极大的提高，而大众的思维也从消极接受转变为积极建议。思想观念的革新使公共文化管理更加有效，体系建设更加完善，公共文化服务的效率也明显提升。

三、资源配置的最优化与公共文化服务效能提升

数字经济时代，数据文化资源、服务形式繁多，因此借助数字资源的配置技术对其进行智能分析与挖掘，并构建适宜的评价指标体系和评估模型，以量化评价公共文化资源的服务效率。可以从文化需求和文化资源利用的角度出发，对公共文化资源进行界定，并确定各类公共文化资源之间的相关性，综合城乡各区域的文化资源情况，切实提高公共文化服务覆盖率、利用率，合理配置数据文化资源，提供相关数据服务，以便实现"按需化""精准化"服务，真实反映公共文化服务体系的功能实现和服务效率，实现公共文化资

---

① 汤资岚. 数字乡村战略下农村老龄公共文化服务效能提升研究［J］. 图书馆，2021（10）：9-15，33.

源配置的最优化，进而实现公共文化服务效能的最优。对三种提升公共文化服务效能的举措及影响机制的对比如表4.3所示。

表4.3　三种提升公共文化服务效能的举措及影响机制

举措	影响机制
新技术的采纳	依靠数字经济关键技术突破时空界限，对文化数据资源进行要素配置，扩大服务范围，实现供需精准匹配；同时用户可借助新技术参与文化资源内容的丰富以及数据要素的优化配置，实现文化资源的共建共享
管理理念的创新	发挥政府的主体地位，统筹发展边远地区的公共文化服务；各方协同管理理念加深，公众从被动接受转为主动建议，提高管理效率与服务质量
资源配置的最优化	从文化数据要素资源的利用角度出发，智能分析与探索各类文化资源之间的相关性，进行合理优化配置，实现按需化服务，提高服务效能

第四节　公共文化服务云带动公共文化服务效能提升

数字经济时代背景下，建设公共文化服务云平台，有效运用大数据技术、移动互联网技术、云计算、区块链和人工智能等新一代数字资源的配置技术，加强基础设施建设，构建数据要素整合与文化资源共建共享的管理体制，打通各文化部门间资源分割，不仅解决了公共数字文化"全覆盖"的问题，实现了文化资源的均等化配置，并且对提高政府、社会组织等主体力量的管理效率，降低服务成本，更重要的是对实现数据的要素分配价值、提供精准化配置、提高服务效能具有不可忽视的作用。

一、公共文化服务云平台对公共文化服务效能提升的优势

现如今对公共文化服务发展而言，公共文化服务云平台的建设无疑是公

共文化服务体系建设过程中具有里程碑意义的一步，所谓的公共文化服务云平台是指为公众提供全国乃至全球公共文化资源的载体，使用户可以随时随地享受公共文化服务资源。而由于目前公共文化服务机构和平台存在运营成本、建设成本、数据资源存储成本较高以及"一刀切"方式所造成的"信息孤岛"问题，导致政府和社会组织等主体力量对数据要素资源管理难度较大、公众文化需求得不到特定满足、服务程序烦琐等一系列问题的产生，由此公共文化服务云平台的优势得以显现。在数字经济时代的大背景下，公共文化服务云平台由于其可复制性（如国家层面以及山东、河南、陕西等省级层面公共文化云平台的建立）使其建设成本较低，平台技术管理人员数量的减少使其运营成本降低，可统一整合所有的数据要素资源使其存储成本降低，同时，云平台可优化配置文化数据要素资源，促进数据资源的合理流动的优势解决了"信息孤岛"问题。由此可见，公共文化服务云对于解决公共文化服务过程中存在的主要问题，提升服务质量和服务效能具有重大意义。另外，基于数字资源的配置技术，公共文化服务云平台还兼具低成本的数据处理能力、跨时空的资源共享能力、自助化的供给需求能力、高效率的价值分配能力以及多元化的智能参与能力，极大地解决了公共文化服务发展过程中存在的文化数据要素复杂化、文化资源分配的不均等化、文化资源重复建设的无效化、部分数据要素资源的虚假化和耗费大量人力、物力进行体系建设的资源消费化等问题，提高了政府等主体力量的管理效率，实现文化数据要素资源的共建共享，更好地推动要素价值的全面体现与要素资源的合理分配，最终推动公共文化服务效能的提升。

二、公共文化服务云平台的案例分析

以由文化和旅游部公共服务司指导、文化和旅游部全国公共文化发展中心建设的网络平台"国家公共文化云"为例，"国家公共文化云"平台于2017年正式上线开通，属于国家级的公共数字文化服务云平台，实现了全国各级各类公共文化机构的互联互通与资源和服务的共建共享，是全国各大公共文化组织相互联系的"主阵地"。该平台主要由文化和旅游部来运营操作，节省了很多的人力资源，大大降低了运营成本。同时，其他各类省级公共文化服务云平台基于"国家公共文化云"的建立，纷纷效仿其服务内容、服务形式、服务类别等，不仅大大降低了各自的云平台建设成本，并且提高了公众获取文化资源的实时性与便利性，继而有效提升了各省的公共文化服务效能。另外，"国家公共文化云"统筹整合文化共享工程、数字图书馆推广工程、公共电子阅览室建设计划三大文化惠民工程，始终坚持用户导向，强调文化资源与服务的适用性与选择性，汇集各地公共文化服务与活动，实现线上预览、预约和线下参与的有机结合，使数据要素存储成本得到大幅度降低。

2020年，新版国家公共文化云以"安全、便捷、权威、丰富、开放"为原则，坚持用户导向，从整合资源、线上线下结合服务、互动反馈以及带动社会广泛参与四个方面着力解决公共文化服务效能问题，打通"数字公共服务"的"最后一公里"，将"政府端菜"和"群众点菜"结合起来，为广大群众提供点单式、预约式的全方位服务，提高公共数字文化服务的可获得性和利用效能。当前，全国各地都加快了数字化公共文化服务云发展步伐。截至2022年6月，中国已经建设1个国家级和33个省级公共文化数字支撑平台，覆盖全国各地，实现了资源互通共享、评估交流与管理等功能。① 公共文化服务云平台是智慧化城市建设的核心组成部分，是政府与公众之间沟通的纽带，是新时代满足公众公共文化需求的重要途径，是未来公共文化服务发展的必然趋势。

---

① 司文涛，牛家儒. 新时代完善我国现代公共文化服务体系的政策建议［J］. 中国市场，2019（7）：1-6.

第五章　数字经济推动文化业态创新

第一节　数字经济催生数字文化新业态

一、什么是数字文化产业新业态

"业态"一词源于日本，文化业态是指文化的产业形态或行业状态。文化产业新业态，从字面上理解，是指文化产业的新行业和形态。关于数字文化产业新业态的内涵，目前学术界还没有统一的定义，熊澄宇、张铮（2008）[①] 认为，文化产业新业态是文化内容、科技和资本结合的产物，关键是内容。胡惠林（2006）也认为，文化内容的创新和内容的衍生力是文化财富的本质，是文化产业新业态的重要内容。[②] 而要真正了解数字文化产业新业态，关键是要理解"新"字，"新"是相对于"旧"而言的，数字文化产业新业态也只是一个相对概念，随着文化产业、数字技术、传播内容的发展，原有的新业态也会变成旧业态，更新的数字文化产业新业态、新模式将不断涌现取代旧业态。本书认为，数字文化产业新业态是在原有业态自我扩张和融合其他

---

① 熊澄宇，张铮. 高新科技与文化产业——从新媒体技术的视角 ［J］. 中国文化产业评论，2008，8（2）：25-40.

② 胡惠林. 文化产业学 ［M］. 北京：高等教育出版社，2006.

产业的基础上形成的，具有技术新、内容新、创意新、载体新等特点的新兴文化产业，是数字经济的组成部分之一。

现阶段，数字文化产业的新业态主要有数字媒体产业、游戏电竞产业、数字动漫及衍生品产业、数字营销和智能产业、数字创意设计、网络文学产业、虚拟现实产业、数字教育产业、数字出版产业、数字音乐产业、数字文旅产业、数字直播产业、数字艺术、沉浸式产业等内容。

二、数字经济时代为什么能催生数字文化新业态

"十四五"时期是数字经济发展的重要时期，根据中国信科院的研究，2019年数字经济增加值为35.8万亿元，占GDP比重达36.2%；2020年数字经济的增加值是39.2万亿元，占GDP比重达38.6%；2021年数字经济增加值为45万亿元，占GDP比重达39.8%，可见数字经济已进入起飞阶段，作为数字经济重要组成部分的数字文化产业也处于快速发展期，在我国国民经济中的比重逐年增加，逐渐成为文化产业的重要组成部分。在数字经济高速发展的背景下，以大数据、人工智能、物联网、云计算、区块链等为代表的新一代数字技术辐射到文化产业及众多传统行业领域内，延伸文化产业链条，拓展传统产业边界，推动现有行业融合发展，因此，数字文化产业的新产品、新业态、新服务也被不断地催生出来。

数字经济催生关键技术与文化融合，文化科技融合促进了文化和科技要素的创新，加快了文化产业和科技产业的融合，不仅为传统文化产业注入了活力，更带来了新的文化业态，创造了新的文化形式，由此产生了巨大的经济效益和社会效益。

一个特别明显的变化就是文化以科技为载体逐渐融入实体经济、城市更新、乡村振兴等领域，成为推动经济社会发展的新引擎。[1] 文化科技融合在

---

① 中研普华产业研究院.2021—2025年中国数字文化创意行业现状及发展趋势报告［R/OL］.（2021-09-13）［2022-02-22］. https：//www.chinairn.com/scfx/20210913/150005928.shtml.

要素层面上涉及技术与文化要素的相互作用，在产品层面上涉及文化科技产品的创新和发展，在价值层面上涉及文化产业和科技产业价值链的提升和重塑，在制度层面上涉及产业结构调整和利益再分配。[①] 推动文化和科技深度融合，不仅有利于丰富文化业态，而且有利于满足人们多样化的需求。可以说，文化科技融合作为现阶段文化产业和科技产业发展的趋势，其影响力是丰富且显著的。

文化是灵魂，科技是工具，文化理念是科技创新的思想源泉，科技创新是推动生产方式变革的有力杠杆。文化科技融合催生新业态的路径为：首先，通过运用数字技术，可以实现文化资源的数字化，拉动文化内容的创新，促进文化资源的保护传承和传播，通过市场化手段，进一步实现文化资源资产化，将资源优势转变为产业优势，创造更加丰富多样的产品和服务，不断培育新的市场需求，延长文化的产业链，创造新的价值。其次，科技和文化各要素的深度融合，特别是互联网技术、AR技术、信息技术、人工智能技术等与文化资源、文化产品、文化企业、文化人才以及文化产业相互融合渗透，使生产、流通、消费及其产业链的各个环节不断革新完善，促使文化产业内部衍生整合，实现文化产业跨领域、创新发展，升级原有的文化产业结构，促进文化产业形态发生变迁，从而催生出新兴文化业态，流程如图5.1所示。

三、数字文化创意产业是文化新业态的集中体现

随着数字技术的发展，文化产业转型升级的门槛也在逐渐降低，数字文化创意产业进入发展的"快车道"。数字文化创意产业是数字文化发展的新业态之一，数字文化创意产业是适应时代的需求，反映文化产业创新，将数字知识和数字技术转化为新产品和新的管理模式的结果，是适应数字技术变革进步的生产组织新形态和资源配置新方式。其本质是优化与重构文化产业，

---

① 罗小艺，王青. 从文化科技融合到数字文化中国：路径和机理［J］. 出版广角，2018（10）：6-9.

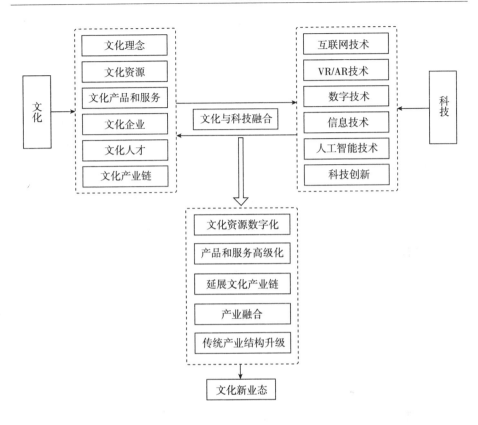

图5.1　文化科技融合催生新业态流程

即文化创意产业和现代信息技术有机融合而产生的一种新型经济形态。其特点是具有高附加值性、高技术性、融合性、迅速传播性、战略性。其内涵被定义为：以文化创意为核心内容，以数字技术为依托，以网络化、数字化、智能化、融合化为发展方向所进行的文化创作、生产、传播和服务的新兴产业。可见，数字文化创意产业的内涵和特点与新业态的"新"具有高度一致性，作为文化新业态的集中体现，在数字经济时代，数字文化创意产业的形成与发展具有巨大的市场需求和发展机会。

第二节 数字文化创意产业概况

一、数字文化创意产业的发展

数字文化创意产业正逐步成为我国文化产业发展新的增长点，其形成与发展得益于数字网络技术的发展和国家政策的推动。从早期的文化内容产业数字化，不断丰富并延伸至数字文化创意以及融合发展应用等，这种变化实际上是对经济发展规律的回应。当前，以 IP 为核心的文创产业正从内容融合向产业生态融合迈进，新业态、新模式不断涌现，行业发展焕发新活力，呈现新技术引领、生态化运营、产业化发展的新动向。

从政策支持数字创意产业的历程来看，我国的数字文化创意产业是在数字内容产业、创意产业的基础上发展而来。"数字创意产业"的概念首次在《2016 年政府工作报告》中提出。2017 年初，在《战略性新兴产业重点产品和服务指导目录》（2016 版）中，数字创意产业首次被列入国家战略性新兴八大产业之一。2022 年发布的《关于推动数字文化产业高质量发展的意见》进一步提出要顺应产业数字化和数字产业化的趋势，实施文化产业数字化战略。这一系列政策，明确了数字创意产业的国家战略地位，提出了其发展目标，规划了其重点发展方向，形成了国家层面的系统性顶层设计。数字文化创意产业是创意产业的延伸与发展，在数字经济时代成为国家的支柱产业。

二、数字文化创意产业管理存在的问题

（一）技术创新

技术是数字文化创意产业发展的核心，但总体而言，目前我国数字文化创意产业仍然存在核心技术研发能力不足、自主知识产权核心技术匮乏、自

主创新能力相对薄弱、引进技术消化再创新能力较低等一系列问题，与数字文创产业发展需求有较大差距，创新支撑体系还未建立完善，并且配套的研发服务、技术交易、知识产权和科技成果转化等服务都处于起步阶段，与国外先进水平的差距依然较大。

（二）用户需求

近年来，随着人民生活水平的提高和接受教育程度水平提高，人们的审美水平和需求层次也在不断提升，对文化生活也提出了更高的要求，人们希望看到更丰富、多元、优质的文化内容，社会文化消费结构逐渐由基本型向发展型、享受型迈进。可见，人们的需求是丰富的、多样的、更高层次的。但是，目前满足消费者较高层次精神追求的发展型文化消费品和享受性文化消费品的供给数量和质量都难以满足市场需求，且存在题材扎堆、文化创意同质化、创新不足、文化产品存在单一化等问题。究其原因，是文化供给体系不够健全和文化市场开放度不够充分，具有原创性、思想性、内涵性的高端产品供给不足，而复制性、模仿化的产品充斥市场，相互竞争，导致低端文化产品生产过剩。

（三）生产力与生产关系

数字经济是生产力与生产关系的辩证统一，马克思主义政治经济学强调，在突出发展社会生产力的过程中，生产关系必须适应生产力的性质和发展阶段，以不断适应生产力发展的新特点、新要求，从而解放和发展生产力。在数字经济时代，数据已成为除劳动力、资本之外的第三大生产要素，广泛渗透到经济社会各领域，实现数据要素价值化、合理分配数据要素价值是当前的一大难题。当前，我国的数字经济生产力得到了很大程度的发展，但生产关系调整相对缓慢，两者之间的关系日益紧张，带来了不少冲突问题。如平台垄断、数据安全、隐私侵犯、算法歧视、数字税征管争议等，制约了数字文创产业的可持续发展。加之，能够满足数字文创产业高质量发展的人力资本要素匮乏，但与此同时受众用户却持续快速增加，这种失调，使生产力没有得到很大的释放，制约了文化产业发展。与此同时，知识产权方面存在的问题，也严重制约了文创产业的健康发展。在数字经济时代，生产力和生产关系发生巨大的变化，所以也要促进数字内容产业，包括注重高质量内容的生产。

（四）政府治理

在连接泛在化的数字经济时代中，个人行动者构造的越发侧重于公共领域，公共领域进入整个人类社会，对政府的治理带来了挑战，也重塑着主权国家的治理模式。同样的，在数字文化创意产业领域内，因为文化内容、技术、用户、场景在创新，原来的治理模式不足以适应这些情况，在不断产生的新的业态管理模式下，政府的治理模式也要相应进行变化。政府治理模式要创新，政府要更加注重内容生产、监管、用户服务等。而当前，面对用户日益多样化和高层次的需求下，高质量的文化产品供给仍然是不足的。且数字化进入文创领域，使文创产品名目繁多，传统的监管是建立在非数字化信息基础上的且为事后监管，而新型数字文化创意产业很容易游离在传统监管或管理范围之外，这对政府部门监管手段的跟进与更新提出了更高的要求。

三、数字文化创意产业的治理模式

（一）"政府主导、多元协同"下的技术驱动型治理模式

所谓"政府主导、多元协同"下的技术驱动型治理模式，即在数字文化创意产业发展中，既发挥政府的作用，也充分发挥市场、非政府组织、公民等主体的作用，同时发挥技术在数字文化创意产业发展中的作用，注重多元主体在新技术的引进和推广、促进文化与科技融合等方面的作用发挥等。

数字文化创意产业作为数字经济的重要组成部分，推动了数字技术的创新和应用，成为夯实数字文化创意产业发展的重要基础。"数字溢出"（digital spillovers）理论认为，数字技术投资（ROI）每相应地投入一份资本，就会产生6~7倍的指数级资本收益。资本增幂与技术增幂内涵性地需要科学技

术与人才投入来完成创意产业内容的价值链升级。因此，在数字经济时代，数字文化创意产业需要主动融入智能生产的潮流，充分发掘技术的可用性与智能性，利用数字技术辅助文化资源的管理、内容创作等。

政府层面要发挥好其导向作用以及利用好财政和货币两大工具。制定促进数字文化创意产业发展的优惠税收政策，针对自主创新能力强、积极响应创新创业改革的文化企业合作项目，要减免其技术研发和推广环节的税收。不可否认的是，政府的政策导向和宏观调控对于数字文化创意产业所需要的新技术的引进、研发等至关重要，但是也要发挥好市场在资源配置中的作用。

（二）"政府主导、多元协同"下的资源驱动型治理模式

所谓"政府主导、多元协同"下的资源驱动型治理模式，即在数字文化创意产业发展中，既发挥政府的作用，也充分发挥市场、非政府组织、公民等主体的作用，同时发挥好多元主体对实现数据资源化、数据资产化、数据资本化、推动传统文化资源的现代化改造、推动文化基因、推动文化发展等方面的作用。

文化数据要素是数字创意产业发展的基础"原料"，所以要利用数字技术建立文化资料数据库，按照一定的标准和规范，将文化遗产等传统文化资源进行数字化改造，通过数据采集和数据标注实现数据资源化，构建数字文化资源体系，促使各文化事业机构实现跨地区、跨部门合作，共同促进文化资源现代化改造，形成数字文化资源规模效应。进一步地，通过数据确权、数据定价、数据交易等方式实现文化数据资产化，最后，通过数据质押、IPO、ABS等方式实现文化数据资本化，以此来实现文化数据要素的社会配置。可推动5G时代"新基建"的建设，大力发展智能云端共享储存平台在文化产业各行业的发展，通过云阅读、云游戏、云音乐等方式，实现文化数据资源随时随地的共享，优化文化数据要素的配置效率，促进文化产业发展。

（三）"政府主导、多元协同"下的用户驱动型治理模式

所谓"政府主导、多元协同"下的用户驱动型治理模式，即在数字文化

创意产业发展中，既发挥政府的作用，也要发挥市场等其他主体的作用，注重用户在文化市场中的作用，坚持由用户生产、创造内容、参与治理、共享社会成果，通过用户与用户间、用户与组织间、组织与组织间多元主体协同治理。

在以互联网、物联网、云计算、人工智能等为基础建构的数字经济时代，决定文创产品和服务成败的权力已经转移给了用户，不重视用户体验，没有用户思维，不被用户所认同，就只能被用户淘汰。争取最大化的用户规模，注重用户精准化、个性化需求的满足，增加用户黏性，这是我国数字创意产业发展过程中面临的问题。所以，须重构政府、个人、企业与其他社会组织间的互动关系，促使治理理念由"以顾客为中心"向"以用户为中心"转变。以用户为中心的治理理念，意味着政府治理将更加注重用户体验和提升用户价值。

第三节　直播行业发展及其政府治理路径

一、直播行业发展现状

直播行业是数字文化创意产业的新业态，是当前文化产业新的增长点。数字经济时代，直播行业蓬勃发展，"直播+教育""直播+文化""直播+旅行""直播+游戏"等新型跨界模式也如火如荼地开展起来。直播行业同时具有数字文化创意产业和新业态所具有的特点。此外，直播行业也有自身独有的一些特点。首先，互动性强，在网络直播中，用户和主播以及用户与用户之间可以进行实时互动，可以创造良好的传播效果。其次，个性化强，在人人都拥有智能手机的时代，几乎每个人都可以成为主播，发表自身观点，凸显个性，把有相同兴趣爱好的人汇聚在一起，让人们有更加自由的表达渠道。

再次，时效性强。网络直播突破了传统传播方式的时间局限，它可以将所有表达的内容在第一时间传递给观众。最后，适应性强，所有行业都可以通过视频直播的形式。

网络直播蕴含巨大的文化张力与经济价值，它在拉动经济增长、促进文化传播、助力社会文明等方面展现出极高的社会价值。基于传统文化资源，通过虚拟现实等可视化技术增强受众与其交互性，这有助于中国文化基因融入人们的血脉之中。通过"直播+内容+电商"在线为文化产品"带货"，可以促进文化消费结构升级，带动经济发展。创作者也可以将传统文化进行创新和优化，以动漫、音乐等多种内容形态，立体化地展现传统文化的魅力，使其迸发出全新的文化价值和精神内涵，再通过网络直播等现代化媒介手段进行传播，发扬光大。此外，网络直播的兴起也给人们的生活带来了巨大的变化和新意，在信息选择上更具广泛性与多元性，这为人们满足精神文化追求提供了便利。

二、直播行业发展特征及其挑战

作为新兴文化产业，网络直播具有以下特征：

第一，内容碎片，在人人都拥有智能手机的时代，网络直播主体逐渐走向大众化和草根化，每个人都可以成为网络直播内容的生产者和创造者，碎片化生产力的集中既催生了网络直播业的蓬勃发展，又带来了网络直播平台责任伦理失范、网络主播价值伦理失范、网络用户审美伦理失范以及监管难等问题。

第二，价值分配，以互联网为基础的人人都能生产的直播经济从本质上讲就是注意力经济，用户注意力成为稀缺资源，高品质内容是获得受众持久注意力的根本，是媒介可持续发展的关键，其价值分配模式是一种基于内容的全社会价值链分配。

第三，生产革新，在数字经济时代，数据成为驱动经济增长的第三大生产要素，数据资源也成为直播经济最关键的生产资料，随着元宇宙等技术的进步，生产工具也发生了变化，随着生产力的变化，生产关系也要进行相应变革。

网络直播发展的新特点也为网络直播行业的持续健康发展带来了以下挑战：

一是直播内容低俗化问题严重。人人都可以成为主播，担任主播的条件非常简单，在形式上只需要身份信息即可完成注册，主播准入门槛低，部分直播内容低俗，侵蚀了健康积极的网络文化，对大众审美取向和青少年的身心健康都产生不良影响。从某种程度上讲，网络直播的乱象是消极流行文化对社会主义核心价值观的侵蚀与破坏。

二是网络直播侵权问题。网络直播作为数字文化创意产业的新兴业态，为文化行业带来了巨大的利益，但是，未经授权的直播、盗播、录播等一系列版权纠纷和侵占问题也随之而来，由于立法的滞后与局限性，导致在处理网络文化直播著作权纠纷时缺乏统一判定标准，网络文化直播著作权问题亟待梳理与明晰。

三是网络直播监督管理工作不到位。从行业自治的角度来看，网络直播缺乏统一的行业协会监督管理；网络监管问责机制不健全，在处理直播平台乱象的过程中，政府有关部门只是对违规的直播平台和主播进行事后打击与治理，缺乏事前预防与事中监控，监管手段比较单一，对相关监管部门职责缺失、执法不力、监管不严的情况并未进行问责。且政府各部门之间、政府与直播平台、用户、媒体等其他监管主体之间缺乏信息交流，尚未建立完善的协同机制，不能发挥出多中心主体监管的优势，反倒相互掣肘，各自为政，在权责冲突中共同面临"监管空白"或"反复监管"的问题，对人力与财力造成极大的资源浪费。

四是网络直播监管技术落后。随着直播形式与内容的不断变化，网络直播技术也在不断翻新，政府的监管技术也必须不断改进。但是，我国目前仍旧采用传统直播间监管技术，只能通过人工与少量关键字对直播内容进行筛选，科技含量不高，当前无法运用区块链等人工智能技术进行有效监管，政府投入了大量人力、物力，但是无法做到对直播平台的有效监管。

当前网络直播市场乱象层出，这必然会危及网络直播这一新型文化业态的健康发展，也挑战着社会的道德底线，对社会文明建设存在一定的隐患。由于网络直播平台在其监管过程中所涉及的主体众多，而直播平台不断发展，规模逐渐提升，监管问题开始呈现复杂性的特征，网络直播结束后，其直播内容一般无法进行追溯和复查，这些都为政府治理网络直播行业带来了困难，因此需要社会中多主体协同共治，发挥政府、行业组织、直播行业利益相关者等多中心主体的能力。

三、直播行业治理措施

在 2015 年第二届世界互联网大会上，习近平强调，互联网领域的治理应该坚持多发挥多元化主体的作用，使国家政府、国际组织、民间机构、互联网企业、技术社群、公民个人等主体充分参与到互联网空间的治理过程之中。因此，如何将各主体纳入网络直播的治理框架中，形成治理合力，共同应对现有挑战，是治理直播行业怪象乱象不得不面对的问题。

（一）政府：优化监管方式

充分发挥市场在配置资源方面的决定性作用并不意味着政府可以独善其身，而是需要政府发挥其在资源配置方面作用的基础上，遵循经济发展规律，在市场配置资源失灵时利用宏观调控手段进行调节，引导数字经济健康发展。面对网络直播监管问题，政府要发挥带头作用，推动事前、事中、事后全方位监管体系形成，认识到直播行业问题产生的根源从何而来。

首先，在主播的资格准入审查方面，可以参考其他行业，建立网络主播从业资格考核制度，根据从事的不同直播类型设定不同标准；并要求主播持证上岗，在从事特定直播工作时拥有该行业专业从业资格证书，提升主播专业化程度，间接提高直播行业从业门槛，以规范主播队伍，降低风险。

其次，要落实网络直播监管常态化工作，对特定直播采用审批报备机制，重视群众声音，从交流中收集信息，既要重视对直播平台、网络主播、直播内容的监控，又要重视对直播间内观众言论的监控，面对突发社会事件时，要能够做到在第一时间切断直播来源，阻碍信号传递，最大限度地降低由此产生的负面影响，确保日常监管工作真实有效。

最后，政府应积极完善直播行业的利益表达与分配机制，出台相应制度文件鼓励直播平台符合国家相关要求，提升自身技术水平，完善内部监管体制，及时注重区块链等新技术在网络直播行业中的引进、推广和应用，为直播行业蓬勃发展提供优良环境。

（二）行业：发挥行业自律作用

发挥行业自律作用，除了成立培育行业协会、完善行业自律公约，更重要的是确保现有机制稳定可行，做到有效、有力、有为。对直播行为起到约束，还要优化直播行业协会内部的激励机制，形成统一的、合理的激励机制，包括正激励以及负激励。

一方面，深入了解直播平台的需求，制定合理、有效的奖励办法，激励直播平台加强对直播内容的审查力度，维护行业秩序。同时，直播协会也可以利用自身的组织网络，为自律的平台提供更好的合作机会并为其争取一定的政策扶持。另一方面，自律机制只有将防止机会主义或者"搭便车"行为的外在制裁手段包括在内才能发挥有效作用。因此，直播协会对其成员的惩戒不应该只停留在通知其及时纠正违规行为或者口头警告上，而应形成更为严厉的机制。

（三）公众：发挥公众监督作用

在网络直播的治理问题上，要将民主的思维贯穿于每一个阶段。

相较于政府部门而言，公众作为网络直播的直接受众，在多数情况下能够先于行政部门接触到违法直播内容，对网络直播行业的有序发展起着至关重要的作用，因而针对网络直播的治理来说，建立起系统的公众参与体系实属必要。一个完善的公众参与体系不仅要在立法环节有所落实，而且也要融入实际的治理过程之中。

首先，提升立法环节的公众参与度。马克斯·韦伯曾言，程序与契约是现代社会得以形成的两大基石，缺乏公众参与，立法也将失去赖以生存的土壤。因此，我们要加速完善公众参与体系，让公众参与网络直播立法的全过程。在立法环节中，公众参与不仅要体现在立法后的反馈阶段，更要体现在前期的筹划过程中。其次，除了政府与直播平台的监管规制，直播行业的监督整改也离不开公众的参与。只有充分发挥公众的监督力量，才能提高直播行业治理的针对性，这就要求在实际的监管环节中要提升公众参与的积极性，让社会力量自觉、自发地参与到治理过程中来，培育直播用户的主人翁意识。

（四）科技：提高协同治理的水平

实现网络直播行业的健康发展，除去激发政府、行业和群众等行业参与主体的力量外，还需要科学技术的支撑。受疫情影响，各行各业都在探索如何利用互联网拥抱数字经济浪潮，直播行业作为其他行业向大众介绍自己的端点与窗口，必须得到正确管理才能激发自身影响与驱动力，这离不开科技的帮助。直播本质上是一种实时同步更新信息的播出方式，相关部门可以通过建立网络直播实时监测和不良信息过滤系统，及时下架关停违法违规直播平台，实现有效治理。如山东开创云公司所开发的 AI 算法产品，基于残差深度神经网络学习 60 万份视频图像样本，可以识别桃色、动漫桃色、性感、动漫、普通图像等多种内容，可以有效对直播进行监管。总之，处在行业发展初期的直播行业乱象丛生，与之相关的模式与制度并不完善，需要各方主体积极探索、协调治理、和谐共存。

第六章　数字经济推动文化
数字资产高效利用

第一节　数字经济时代文化产品
供给不足的原因

一、数字文化产品的公共属性

数字文化产品是典型的公共产品。所谓公共产品，是指每个人对这种产品的消费，都不会导致其他人对该产品消费减少。公共产品具有非竞争性和非排他性两大特征。非竞争性是指该产品被提供出来后，增加一个消费者不会减少任何一个人对该产品的消费数量和质量，增加消费者的边际成本为零，又称为消费的非竞争性。非排他性是指产品在消费过程中所产生的利益不能为某个人或某些人所专有，要将一个人排斥在消费过程外，要么成本太高，要么在技术上不可能，又称为受益的非排他性。作为公共产品的数字文化产品，还具有外部性。外部性是指生产者或消费者在自己的活动中产生了有利影响或有害影响，但生产者或消费者却不能获得其有利影响带来的全部收益，不承担其有害影响带来的全部成本，又称为外溢性或相邻效应。①

数字文化产品的公共属性使数字文化资源的配置效率不高、市场失灵，无法实现资源配置的最优。在数字经济时代，数字文化资源不再仅仅是一种服务产品，更是一种重要的生产要素，服务生产力的提升和生产关系的变革让数字公共文化产品的供给面临更大的挑战。如何实现帕累托最优，是数字经济时代公共文化服务治理创新的重要内容。帕累托最优是指在动态社会中，一项社会变革使一部分人的社会福利增加的同时，并不减少其他社会成员的福利；在静态社会中，不论实行何种社会经济政策变动，在使一部分人的福利水平上升的同时，必然使另一部分人的福利水平下降。比如，由于数字文化产品的生产，增加了就业岗位，劳动者得到了经济收入，并没有使其他人的情况变坏，明显符合动态社会资源配置判断标准。

那么，如何合理配置数字文化产品，使资源配置达到效率最优状态，即实现帕累托最优？20 世纪初，意大利福利经济学家帕累托提出了福利经济学第一定理和第二定理，认为在满足交换条件、生产条件、帕累托最优综合条件的前提下，完全竞争市场可以实现帕累托最优。福利经济学第一定理是指，完全竞争市场的一般均衡状态就是帕累托最优状态。福利经济学第二定理是指，从任一个初始资源配置状态出发，通过市场竞争机制形成的均衡必然可以实现帕累托最优状态。②

由此可见，在完全竞争市场中，自由竞争的市场机制是实现资源最有效率配置的手段，在市场中资源可以灵活地、高效地、自发地实现配置，从而避免了计划经济体制的僵化、低效和被动。也就是说，数字文化产品的资源配置也应该向市场化方向前进，获得更大规模的社会效益和经济效益，以改善当前大部分数字文化产品由政府单一主导供给、造成效率低下的局面。

---

① 马骁，周克清 . 财政学［M］. 北京：高等教育出版社，2019.
② 王桂胜 . 福利经济学［M］. 北京：中国劳动社会保障出版社，2007.

二、作为国有资产的数字公共文化产品

所谓国有资产，是指属于国家所有的一切财产和财产权利的总和，是国家所有权的客体。具体而言，国有资产包括国家依法或依权力取得和认定的财产，国家资本金及其收益所形成的财产，国家向行政和事业单位拨入经费形成的财产，对企业减税、免税和退税等形成的资产以及接受捐赠、国际援助等所形成的财产。国有资产作为国家所有的一切财产和财产权利，具有内在的保值增值需求。我国目前也选择采取改革配置国企经营管理者的方式、组织结构转型和战略性改组等方式进行国有资产增值保值，来进一步保证国有企业可持续发展、促进社会稳定和经济发展。因此，为实现国有资产保值增值的需求，国有企业改革的总体方向是市场化，具体来说：一是加强市场对国有资产出资人和国有企业经营者的激励约束作用；二是公司治理结构市场化；三是进一步推进产权多元化；四是进一步推进企业重组；五是进一步推进企业内部体制改革；六是科学严格管理；七是进一步减轻企业负担。

公共文化数字资源也属于国有资产，也应该在保证其资产性质不变的前提下，对其生产、投资和建设采取市场化策略。具体来说，公共文化数字资源的市场化生产要以供给改革为中心，坚持内容为王，树立为人民服务、为社会主义服务的理想信念；国有文化数字资源的市场化投资要大力发展政府与社会资本合作的 PPP 模式，既减轻政府负担，又优化公共文化数字资源的配置效率；公共数字文化资源的市场化建设，也要加强对国有资产的监督管理，明确产权的权利与义务，完善相关会计规则制度，落实对公共文化数字资源的价值评估，探索公共数字文化资源的证券化运作模式。

基于此，我们重新理解公共文化数字资源在当今信息技术时代和人工智能时代起到的作用和发挥的价值：公共文化资源不再是一个传统产品，更将成为数字经济时代和人工智能时代的重要生产力要素，传统的现代公共文化服务机构也不再只是公共文化服务的提供者，而是升级为重要的生产力要素

配置中心，甚至是将来的数字文化产权的证券交易中心。可以说，公共文化数字资源和现代公共文化服务机构有美好的未来。但是，当前的公共数字文化产品供给主要是由政府主导，内容滞后且陈旧、形式单一且僵硬、效率低下且徒劳无功。总体来看，当前政府主导的公共文化数字资源供给，是从克服"市场失灵"的本意走向了"政府失灵"，从"外部经济"走向了"外部不经济"。

一方面，在很多时候，某个人（生产者或消费者）的一项经济活动会给社会上其他成员带来好处，但他自己却不能由此得到补偿。此时，这个人从其活动中得到的利益（所谓"私人利益"）就小于该活动所带来的全部利益（所谓的"社会利益"，包括这个人和其他所有人所得到的利益）。这种性质的外部影响被称为所谓"外部经济"。

外部经济是政府主导公共数字文化产品供给的美好愿景，并且确实取得了一些成就、获得了一些成绩、做出了一些贡献：积极构建以国家公共文化云为总平台，覆盖各级公共文化设施，重点在手机等各类移动终端提供产品和服务的数字文化服务网络。截至 2021 年 9 月，公共数字文化工程累计建设资源约 1274TB，打造云上群星奖、云上广场舞、云上少儿合唱节、云上老年合唱节、云上乡村春晚、百姓大舞台等全国性服务品牌，带动各地形成了具有地方特色的艺术普及常态化服务品牌。2020 年新冠肺炎疫情防控期间，举办全国舞台艺术优秀剧目网络展演，观看互动人次超 11.7 亿。各级各类公共文化机构坚持"闭馆不闭网，服务不打烊"，提供线上全民艺术普及等服务，丰富和活跃了人民群众精神文化生活。

另一方面，在很多时候，某个人（生产者或消费者）的一项经济活动会给社会上的其他成员带来危害，但他自己为此支付足够抵偿这种危害的成本。此时，这个人为其活动所付出的成本（所谓的"私人成本"）就小于该活动所造成的全部成本（所谓的"社会成本"，包括这个人和其他所有人所付出的成本)。这种性质的外部影响被称为所谓"外部不经济"。①

外部不经济是当前政府主导公共数字文化产品供给的总体现状。人民向政府依法纳税,政府通过财政支出供给公共数字文化产品,但目前所供给的公共数字文化产品是远远满足不了人民对美好生活的需求的,无法抵偿人民群众的纳税成本,不仅造成了资源闲置,而且是对人民群众依法纳税的浪费。大量的文化资源被各种形式封锁,积聚多年的数字文化生产力得不到释放,能提供的只是一些内容肤浅、形式死板的粗犷低劣品,长此以往,政府供给公共数字文化产品成了掩耳盗铃的一池死水。究其原因,产权问题是政府供给数字公共文化产品所面临的最大困境之一。

三、数字文化内容的供给困境

在当今的数字经济时代,人民群众和消费群体都需要大量喜闻乐见的数字文化产品,需要数字文化企业供给相关的文化产品,但是,从当前的现实反馈来看,数字文化产品的市场需求远远没有得到满足——公共数字文化产品的供给陷入了困境,其中困境的关键在于数字产权的不明晰。

(一)公共数字文化产品产权不明晰

目前,各级政府和有关部门都在加大力度优化公共数字文化产品的供给,努力推动我国公共文化服务向高质量方向发展。"十四五"期间,中央财政继续支持实施"全国智慧图书馆体系建设""公共文化云建设"项目,进一步提升公共数字文化建设水平。②

但是,在公共数字文化产品的实际开发、生产和供给过程中,文化资源的产权界定不明晰成为阻碍公共数字文化产品向前发展的一个"瓶颈"。以数字文博产品为例,根据《中华人民共和国文物保护法》第五条规定,国有

---

① 高鸿业. 西方经济学(微观部分·第七版)[M]. 北京:中国人民大学出版社,2018.
② 文化和旅游部公共服务司. 文化和旅游部对十三届全国人大四次会议第 3610 号建议的答复 [EB/OL]. (2021-09-06)[2022-02-22]. http://zwgk.mct.gov.cn/zfxxgkml/zhgl/jytadf/202111/t20211104_928808.html.

文物收藏单位以及其他国家机关、部队和国有企业、事业组织等收藏、保管的可移动文物，属于国家所有。也就是说，文物的所有权属于国家，但其相关的衍生品版权、著作权和知识产权却没有一个明确的归属，尤其重要的是，关于文化资源的数字产权目前还没有一个明确归属。这些体制机制的不健全造成了当前公共文化机构的不作为、不主动和不积极。

此外，虽然没有明确的产权归属，但公共文化机构对所管藏的文化资源负有明确的责任，一旦在复制、拍摄和拓印的过程中造成损害，肯定要付出相应的代价（详见《中华人民共和国文物保护法》第四十六条）。最关键的是，文物归国家所有，根据文物所开发的公共数字文化产品所得利益理应也归国家所有，相关单位和个人不能截留，这就造成在公共数字文化产品供给上缺乏最初的经济动机。

（二）数字版权窃取

不容忽视的是，由于数字文化产品存在大众传播的特性，数字文化产品在消费过程中极易被复制、转录、盗版，且成本低、收益高，虽然一部分数字文化再生产如弹幕文化有一定的积极作用，但如果纵容版权窃取的违法行为持续下去，将会损坏整个数字文化产品供给的生态环境。数字文化产品就像是创作者的孩子，版权窃取就如同拐卖人口一样应该受到法律的严厉制裁。

（三）市场介入过低

面向市场的经济活动主体可以帮助公共文化事业单位将公共数字文化产品进行市场化改造，定价合适并且可以灵活调整，决策随机并且可以收放自如，能够在更大程度上满足人民群众的精神文化生活需求，生产出人民群众更加喜闻乐见的公共数字文化产品。但是，这些相关企业和公司是以获得经济效益为中心目标的，由于清晰产权制度的缺失，企业和公司只能与公共文化事业单位签订临时合作性质的合同，而得不到公共数字文化产品的版权、著作权和与之相关的经济利益，这样就导致灵活的市场经济活动主体面对着公共数字文化产品时望而却步，也就导致了绝大多数的公共数字文化产品只能依靠公共文化事业单位来组织完成，明显无法满足 14 亿级的文化市场上文化消费者庞大的精神消费需求。

（四）产品活力不足

总的来看，由于公共数字文化产品制度的缺失，形成了公共文化事业单位与文化市场经济活动主体泾渭分明、两败俱伤的错位局面：一方面，公共文化事业单位所积攒和管藏的优秀公共文化资源无法得到有效的开发和利用，只能依靠体制机构内的相关人员从事市场化工作，产品普遍以呆板僵化的社会教育为主题，无法满足社会大众的消费需求。即使事业单位能够生产出在消费市场有竞争力的产品，利润所得也不能分配给有关单位和劳动者，长此以往必然不能持久。另一方面，文化市场经济活动主体能够生产出数字文化产品，但由于缺乏强大的文化自信和深厚的文化底蕴，往往会陷入同质化严重、相互内卷的困境当中。因此，摆脱产权困境、优化产权制度是政府优化公共数字文化产品供给、解决供给无效问题的题中应有之义。

第二节　产权制度与数字公共文化供给效率

一、现代产权制度及其作用

现代产权制度是这样一种制度：包括收入分配权、支配权、转让权、使用权、剩余索取权、经营决策权、经营监督权等在内的诸多经济权力与生产资料私有权相分离，经济过程的决策不再由生产资料私有权单一决定，而是由一系列经济权利共同决定，现代产权制度就是这些经济权力的配置和组合。[1]

---

[1]　白暴力，白瑞雪．现代产权理论与中国产权制度改革［M］．北京：经济科学出版社，2016.

产权制度的发展趋势是经济权力从生产资料所（私）有者向劳动者的过渡。通过对经济现实的分析可以发现，在经济权力分离的过程中，存在规律性的趋势：权力由全部属于生产资料所（私）有者，逐渐转移到劳动者手中；即权力由全部属于资本所有者，渐渐转移到劳动者手中。现代产权制度的核心就是劳动者参与经济决策。①

从上文可以看出，产权与资源配置有相当的关系，甚至可以说产权改革起源于资源配置的需要。关于产权安排与资源配置最经典的论述，莫过于英国新制度主义经济学家科斯所提出的科斯定理，他主张通过界定产权来解决外部性问题。科斯定理的主要内容为：如果市场交易费用为零，不管权力初始安排如何，当事人之间的谈判都会导致那些使财富最大化的安排，即市场机制会自动地驱使人们谈判，使资源配置实现帕累托最优。在交易费用大于零的世界里，不同的权利界定，会带来不同效率的资源配置。由于制度本身的生产不是无代价的，因此，生产什么制度，怎样生产制度的选择将导致不同的经济效率。

综上所述，现代产权制度一方面让产权逐渐转移到劳动者手中，使劳动者有了分配劳动所得的机会，劳动者"干多干少一个样"的局面迎刃而解，从内在动机方面激活了公共文化供给；另一方面，现代产权制度更重要的作用在于，从公共文化供给出发，提升我国经济社会整体发展的资源配置效率，成为我国驱动发展的重要制度创新。

二、构建现代产权制度对公共数字文化供给的作用

为扫除当前公共数字文化产品供给的颓势，为了推动公共数字文化产品供给机制的优化，为了解放和发展文化生产力，我们有必要掌握产权制度对公共数字文化产品供给的利弊。总的来说，还是利大于弊的。

---

① 白暴力．中央特色社会主义产权制度研究［M］．北京：经济科学出版社，2015．

（一）良性循环，推动建立公共数字文化产品可持续供给机制

分清产权，将公共数字文化产品的所有权、占有权、支配权、收益权和知识产权等相关权利依据经济制度和法律制度的有关规定，分配给行为主体：公共数字文化产品的所有权属于国家，公共文化事业单位享有占有权，收益权和知识产权由公共文化事业单位和相关文化企业按合同规章共同所有。通过可良性循环的制度设计，公共数字文化产品供给避免了成为由少数非专业人员所勉力维持的"面子工程"，而是会逐渐形成可持续的生产程式、产品周期和目标受众。相关文化企业可以凭借公共文化事业单位的授权进行市场经济活动，获得公共数字文化产品的经济利益，从而使公共文化数字产品植根于健康的商业土壤，文化企业有了从事相关经济活动的动机和活力。通过文化企业的商业化运营，公共数字文化产品得以由此进入市场流通，有利于形成新兴文化业态和文化消费新模式，有利于实现把社会效益放在首位、社会效益和经济效益相统一的文化创作生产体制机制。

（二）独立自主，增加公共文化事业单位收入以减轻财政依赖

可持续的公共数字文化产品供给制度，可以在公共文化事业单位扩散社会效益的基础上带来经济效益，经济效益一方面可以在国家经济下行压力加大的大社会环境下帮助公共文化事业单位减轻对政府财政支出的重度依赖，缓解政府财政压力；另一方面，在财政拨款基础之上的经济效益可以用于公共文化事业单位的相关文化事业，不断完善相关基础设施建设、员工劳动报酬分配机制和人员培训管理机制，逐步提升公共文化服务质量和水平。换句话说，通过产权制度改革优化公共数字文化产品供给是一个契机，是在探索通过建立健全新时代中国特色社会主义现代产权制度，以在更高水平、高质量上坚持实现文化发展为了人民、文化发展依靠人民、文化发展成果由人民共享。

（三）攻坚克难，深化解放和发展公共数字文化生产力改革

在建设社会主义文化强国的新历史起点上，深化文化体制改革、解放和发展文化生产力势在必行。新时代中国特色社会主义现代产权制度与公共数

字文化产品供给的结合，有利于推进国有经营性文化单位转企改制，加快公司制、股份制改造，提升产业规模和集约化、专业化水平；有利于让沉睡在库房和地下的中华优秀传统文化资源重新焕发生机，为民族增光，增强民族自尊和自信，让当代中国形象在世界不断树立和闪亮起来；有利于顺应数字文化产业发展趋势，改造固有文化业态，提高公共数字文化产品质量效益和核心竞争力。

（四）知易行难，公共数字文化供给产权制度改革任重而道远

然而，理论上可行的制度设计在实际操作过程中难免遭遇重重困难。首先，这个几乎是一个全新的改革模式，尤其是在文化领域，如何在保障国家文化安全、确保国有文化资产不损失的同时增加经济效益？其次，如何执行产权的分配？以何种比例分配？如何做到公共文化事业单位和相关文化企业所获利益的平衡？再次，公共文化事业单位会不会因此而推卸承担非营利性公共文化服务的责任，转而将资源集中投入到经营性的文化产品供给？最后，在毫无先例的前提下，合作双方如何有效对接、合作共赢？这一系列的问题都有待深入研究。但总的来说，对于公共数字文化产品优化供给、产权合作，相信无论是学界、文化事业单位、政府，还是相关企业，都是乐见其成。

三、公共数字文化供给现代产权制度的关键问题

产权制度是经济制度结构中的一个层次，它是所有制的具体化，又在一定限度内决定资源配置的调节机制。因此，相对于经济运行和资源配置而言，产权制度在经济制度体系中处于核心地位。① 可见，能够建立有效的公共数字文化供给制度，取决于公共数字文化产品产权制度改革的成败。产权制度改革一旦成功，上能推动文化经济的发展和高质量增长，下能逐步接近公共数字文化资源的资源配置效率最优。那么，推动构建有效的公共数字文化供

---

① 黄少安. 产权经济学导论 [M]. 北京：经济科学出版社，2004.

给产权制度，重点在于以下几个关隘：

（一）政府市场

政府与市场的诉求是不同的，市场以经济利益为第一诉求，因为希望交易更加开放、资源要素更加流通。但政府要维持社会稳定、保证文化安全，在这些基础上追求公共文化供给的现代产权制度。因此，要平衡与市场的关系，一方面要理解政府的苦衷，另一方面要解放制约市场发展的约束。

（二）版权授权

版权涉及多方利益：公共事业单位没有进行数字化开发的人力、物力，但是占据大量的优秀文化资源，市场有人力、物力，但是没有文化资源的版权，且想在开放中获取经济效益。两者经常僵持不下。因此，要建立公共数字文化供给的现代产权制度，必须优先解决版权授权问题。

（三）金融安全

数字文化产品由于其形态数字化、不易追踪等特点，容易被金融犯罪分子所利用，进行洗钱等非法勾当。因此，金融机关部门必须在发展数字文化产品的同时防范金融风险，探索我国数字文化金融治理的"沙盒模式"，保障我国金融安全。这也是我国当前谨慎发展数字藏品 NFT 的核心原因。

（四）法律制度

我国目前发展数字文化产品的相关法律和制度都是不健全的，其中包括核心的现代产权制度。因此，必须要坚持顶层设计，在解决多个具体难题的基础上建立健全与数字文化产品、现代数字产权相关的公共数字文化法和数字产权法。

（五）数字平台

当前，数字文化产品的供给平台大多是由市场主体所建立的，他们无论如何也掩盖不了排挤对手竞争的逐利本性，成为市场的垄断寡头。因此，数字文化产品的现代产权制度也不能放任垄断寡头为所欲为，必须加强对数字平台寡头的反垄断治理，保证国家和人民的利益。

第三节　数字资产管理与资本化运营

一、数字资产概念综述

数字资产是指以电子数据形式存在的一种知识产权，它包括计算机软件、多媒体产品、专业数据库以及电子出版物等。IT 产业的风云变幻使人们越发关注数字资产的确认和计量。数字资产作为一种特殊的无形资产，它具有可定义性、可计量性、相关性和可靠性，理应被单独确认、计量和报告。

换句话说，数字资产作为一种具有广阔前景的资产形态，具有以下属性：

（1）价值属性：既有传统资产的经济价值，又有数字资产所特有的数字文化价值，乃至数字文化价值自身的特有文化价值。

（2）市场属性：数字资产不只是信息，将来也可以在特定的市场上进行交易。

（3）流通属性：数字资产可以在市场上进行流通，且以数字形态进行存储，不再需要传统意义上的交通运输，是一种"无形"流通。

（4）资本属性：数字资产可以在特定交易市场上进行交易流通，由资产转变为资本，但要警惕防范与数字文化产品相关的系统性金融风险。

二、文化资源的数字资产化管理

公共数字文化产品的优化供给，离不开对文化资源的数字资产化管理。总的来看，文化资源的数字资产化管理主要包括数字产权交易和数字资产管理。数字产权交易，激活了经济管理活动主体的主观能动性；数字资产管理，强调了公共数字文化供给活动的客观规律性。也就是说，只有数字产权交易和数字资产管理协调共生，既发挥主观能动性，又符合客观规律性，主观与客观相一致，才能实现对文化资源科学的数字资产化管理，才能实现公共文化资源的有效利用，才能达成公共数字文化产品供给的效率最优。

（一）搭建文化资源数字资产管理框架

要充分发挥文化资源的最大价值，提升文化资源利用效率和开发水平，使优秀的文化资源转化为可以在市场流通的数字资产，必须搭建文化资源数字资产管理框架。通过近年来的实践说明，搭建基于信息生命周期理论的文化资源数字资产管理框架，既是文化资源数字资产创新发展的第一要务，也是文化资源数字资产化管理的核心内容，更是数字文化经济蓬勃发展、成为经济增长新动能的重要保障。

（二）提升数字资产产权评估管理水平

公共文化事业单位对公共数字文化产品的相关产权要进行专门评估和规范管理，原则上应由第三方专业资产评估机构进行评估，合理确定文化数字资产产权的社会价值和经济价值。此外，公共文化事业单位要做好产权登记管理相关工作，根据实际情况制定产权管理授权费用标准，在公共数字文化产品开发合作项目中进行合理协商议价，鼓励公共文化事业单位采用公开招标方式确定合作方。

（三）增强公共数字文化产品技术支撑

公共数字文化产品的开发合作共赢，离不开世界一流数字技术支撑。推动高水平基础技术集成平台，实现对公共数字文化产品创意生产主体、文化资源分发渠道管控。公共数字文化产品与服务终端平台以基础技术平台为基础，为公共文化事业单位和相关经济管理活动主体建立联动矩阵，一键发送内容到终端平台，利用大数据实现各类用户画像整合和精准推送，实现优质公共文化数字资源触达海量用户，从而推进数字文化经济与数字科学技术深度融合发展。

三、数字资产管理框架

在当前数字经济背景下，公共数字文化产品相当于经济管理活动组织主体的数字资产。质言之，优化公共数字文化产品供给也应当涵盖创新构建数字资产管理框架。基于信息生命周期理论，将公共文化数字资产管理框架分解为以下几个部分。1986 年，霍顿和马尔香联合提出了"信息生命周期管理"的概念，并把管理阶段划分为创建、组织、存储、开发和清理（销毁/回收）五个部分。[1]

（一）数字资产创建管理

数字资产创建管理阶段是整个数字资产流转周期的初始起点，一方面是注重公共文化数字资产的规范性生产创建，要保证后续的升级再利用；另一方面，在数字资产初始数据采集生产过程中，数据量越大越好，元数据越丰富越好，方便后续的开发和利用。

（二）数字资产组织管理

数字资产组织管理的目的是使数据资产组织有序，正式形成初步的公共文化数字资产雏形。通过调整、筛查、分析、选择、分类、标记和排序等组织路径，将原本粗糙的数据集合重新组织，形成有机关联的数字原始资产，形成可以进行加工创造的原始数字文件。

（三）数字资产存储管理

数字资产存储管理包括对录制、备份、恢复、复制和其他活动的管理。为了提高海量数据的存储和利用效率，还需要对数据进行分级存储管理，建立存储服务层次结构，实现快速访问公共文化数字资源。

（四）数字资产开发管理

所谓数字资产开发，就是将公共文化数字资源正式开发成为公共数字文化产品，这是发挥数字资产价值的核心环节。在数字资产产权主体许可和不违背相关法律的情况下，数字资产开发管理就是尽其所能，鼓励创意技术人员利用多种方式对数字资源开发，努力挖掘出数据资源的最大价值。

---

① 王晓光. 数字资产管理［M］. 北京：电子工业出版社，2013.

（五）数字资产清理管理

数字资产不是无形资产，相关数据储存和基础设施都需要占据一定的物理空间，尤其是数据资产长期大量积累，使经济管理组织主体不堪重负，就需要对数字资产采取清理措施。在实施数字资产清理时，要注意数字资产的剩余价值，建立严格的评估制度，防止无法对数字资产价值再利用。

四、区块链与数字文化资产管理生产关系创新

所谓区块链，起源于 2008 年中本聪所提出的比特币技术，其本质是按照时间顺序，将数据区块以顺序相连的方式组合成链式数据结构，并以密码学方式保证不可篡改和不可伪造的分布式账本。按照适用领域来划分，区块链可以分为公有区块链、行业区块链和私有区块链，具有去中心化、开放性、独立性、安全性和匿名性五大特征。2019 年 10 月 24 日，在中央政治局第十八次集体学习时，习近平强调，"把区块链作为核心技术自主创新的重要突破口""加快推动区块链技术和产业创新发展"。区块链应用前景广阔，可应用于金融、物联网、公共服务等领域。

区块链对公共数字文化最重要的作用是在数字版权领域。通过区块链技术，可以对作品进行鉴权，证明文字、视频、音频等作品的存在，保证权属的真实性、唯一性。作品在区块链上被确权后，后续交易都会进行实时记录，实现数字版权全生命周期管理，也可作为司法取证中的技术性保障。例如，美国纽约一家创业公司 Mine Labs 开发了一个基于区块链的元数据协议，这个名为 Mediachain 的系统利用 IPFS 文件系统，实现数字作品版权保护，主要是面向数字图片的版权保护应用。①

区块链被认为是未来互联网发展的基础设施，并且与版权内容的确权认证和有序流通有着天然的结合点。在确权认证方面，基于区块链上节点的共

① 吴健，高力，朱静宁. 基于区块链技术的数字版权保护［J］. 广播电视信息，2016（7）：60-62.

识机制，可以完成对版权认证信息的分布式共同记录，证明一个作品的存在性、真实性和唯一性。它以技术的先进性摆脱了对传统版权登记机构的依赖，极大地提高了数字版权认证的服务效率和可信度。更重要的是，利用区块链的安全机制、加密货币和智能合约技术，可以使版权内容的全生命周期可追溯、可查验，真正实现数字内容的版权自动登记、自动验权、自动获权、自动结算、自动备案，形成一个去中心化的、可信的、可追溯的数字版权内容流通生态。

"创意"被看作数字文化产业发展的重要驱动力与源头，但一个未成型的、只有几百字的"创意"或"想法"能否被确权从而进入交易环节呢？进一步说，如果在一个作品的初始想法和最终成品大相径庭的环境下，能否保护作者的整个创作过程？有了区块链技术，这些问题的答案都是 Yes，通过区块链不可篡改的特性，我们可以完整地记录作者从最初的灵感到最终作品的所有变化过程。有了这个确定的变化过程，我们就可以设计出一整套智能合约，IP 的服务商可以在作者创作的过程中随时参与进来交易，所有的作品权利的行使与追溯都可以通过智能合约规范下来。从交易的最初确权阶段入手，通过智能合约的方式来极大地降低确权的成本，从而给整个市场的交易提速。

此外，区块链还可以通过构建一个公信的交易平台（而不是版权代理），把原本分散的细分版权的数据全部集中展示，潜在服务商对自己感兴趣的作品的某项版权就会有更多的交易机会。另外，依靠区块链技术，平台可以通过侧链的方式详细记录用户的每一次付费、每一次阅读。用户根据在区块链上的记录来付费给平台，而平台也根据同一份区块链记录来支付版权拥有者。版权的交易对手方在想购买相关版权的时候，也能够验证第一笔交易的数据真实性，从而完成第三方信用平台的构建。[①]

---

① 张铮. 数字文化产业体系与效应［M］. 北京：新华出版社，2021.

综上所述，未来区块链的广泛应用，当前困扰数字文化产品供给的版权问题便迎刃而解，极大地提高了数字文化生产力，形成了体制创新。基于此，数字文化产品的管理者要围绕区块链推动数字资产管理，进而推动数字资产的保值增值，不仅包括经济价值，也包括社会价值，以构建新型的公共数字文化生产关系体系。

事实上，区块链技术与文化资源本也具有契合之处。据 2021 年中央财经大学发布的《区块链技术激活数字文化遗产》报告指出，以区块链为核心的数字技术有三大作用：规范数字内容标准、明确数字内容的权利归属、完善数字博物馆建设。以此来看，数字技术是促进文化保护好、传承好、利用好的最优方式之一。

近年来，随着数字化技术的逐步成熟，基于区块链技术的数字藏品成为中国数字新文创的典型代表，2021 年也因此被称为数字藏品元年。互联网巨头相继布局，蚂蚁、腾讯陆续推出数字藏品发行平台鲸探（原名蚂蚁链粉丝粒）和幻核。其中鲸探明确聚焦传统文化相关 IP，于 2021 年 10 月 21 日推出重点针对文博领域的"宝藏计划"，目前共有湖北省博物馆、湖南省博物馆、河南博物院等 24 家文博单位参与其中，并发行了源自馆藏的文创数字藏品。

截至 2021 年底，鲸探数字藏品业务覆盖的领域包括文旅、体育、艺术（原创设计、艺术创作）、文娱潮玩等。其中，文旅是最重要的一个核心方向。从鲸探数字藏品情况来看，文旅、艺术类数字藏品发行量约占 70%，并且也逐步拓展出不同的应用场景，如付款码皮肤、社交媒体数字头像等。同时，鲸探也在其 APP 上向用户更新了"我的展馆"功能，用以展出用户的数字藏品。

站在当下时点可以看到，鲸探对于"大文化"的挖掘，一方面，有利于推动国创 IP 化、年轻态发展；另一方面，也是数字化改革在文化 IP 领域的体现。此外，对于鲸探而言，深耕国创文化 IP 也意味着其对于正在成长起来的新生代消费群体消费偏好的深入挖掘，在新的消费潮流中抢夺更有力的话语权。

　　行业尚属初级阶段。这个阶段往往是风险高发区，但与问题多发的海外 NFT 模式相比，鲸探开辟的数字藏品模式本质是一种数字化的"文化产品"，为文化 IP 产品创造了数字化的新消费形式，盘活了文化产业的资源，也激发了文创产业的活力。此外，鲸探也提示不支持任何形式的转卖行为，提醒用户谨防欺诈风险。蚂蚁集团也曾多次表态："我们坚决反对一切形式的数字藏品炒作，坚决抵制任何形式的以数字藏品为名，实为虚拟货币相关活动的违法违规行为；坚决抵制任何形式的数字藏品商品价格恶意炒作，用技术手段确保商品价格反映市场合理需求；坚决抵制任何形式将数字藏品进行权益类交易、标准化合约交易等违法违规行为，反对数字藏品金融产品化。"①

---

　　① 李乔宇. 鲸探拓展"大文化"收藏边界［N］. 证券日报，2022-01-29（A03）.

第七章 数字经济背景下推动文化治理创新的措施

第一节 推动数字文化治理理念的全面创新

数字经济时代，互联网的发展、数字技术的发展、产业的变革催生了数字文化，数字文化给数字经济时代的发展带来了新的问题与挑战：

第一，新技术的采纳问题。以计算机、手机为代表的电子设备提高了社交、办公的便利性，优化了无纸化办公，但是也给数字文化治理带来了难题，如新技术如何采纳、哪些部门进行采纳、如何在网络安全的背景下采纳新技术。

第二，人才需求的多元化。在工业时代的分工体系下，一个人往往只需负责一个岗位，只需要学习具备本行业、本岗位工作的知识技能，但是在快速发展更新换代的数字经济时代，人才的需求越来越多元化。单一知识技能往往受限于其专业知识背景的局限性，也不符合数字经济的快速发展态势，单一型人才易被快速淘汰。

第三，数据要素资产化管理。数据要素已经上升为新的生产要素，数据在数字文化治理中发挥着生产要素的核心作用，因而需要对于数据进行采集、确权、交易。数据已经不是工业时代冷冰冰待利用的数字，而是生产力生产关系发展的新宠。因而对于数据要进行资产化管理，但是相应的确权、管理措施、使用指引还有待正式确立。

第四，市场化与产业化治理。不同于工业时代政府市场的互相钳制关系，数字经济时代的政府市场关系更加复杂多元。数字经济时代的政府是有为政府，市场是有效市场，既要发挥政府的领导作用，又要激发市场主体性的积极作用，而市场中的众多社会组织、消费者大众也是数字文化治理的主体，即要在数字经济技术发展与产业变革的大背景下完成对政府、企业、社会组织、个人的数字文化治理格局生态系统的构建。

文化治理理念的全面创新是数字经济时代进一步推动文化治理能力全面提升的首要问题，在现阶段，为了应对数字经济时代的挑战，文化治理理念需要从以下几个方面推动：

一、树立数据生产要素驱动的管理理念

要认识到文化资源的综合属性，即文化资源不再仅是重要的文化服务产品，更是重要的生产要素。要摆脱过去仅将数据资源化的过时认知。生产要素和生产资源的地位是完全不同的，生产要素是维系国民经济运行及市场主体生产经营过程中所必须具备的基本因素，数字经济时代的数据一旦被获取，数字文化治理主体即能通过数字技术手段挖掘数据背后的价值。而仅将其称为数据资源，则忽视了这样的客观价值生产过程。因而没有数据，数字治理的创新就是空中楼阁，没有任何根据、信息，数字治理就是无稽之谈。

二、树立文化服务机构作为生产力平台的管理理念

要认识到文化服务机构作为要素配置机构的理念，既要突出文化机构的服务功能，又要突出文化机构作为数字文化生产力配置平台的功能。平台是一种新的经济系统，由数据驱动，以技术为基础，力求构建网络协同。例如，

四川"文化天府"云平台对成都市区县的文化资源进行整合互通互联，从网站、APP、微信公众号等多平台提供文化服务，还整合直播、教育、非遗传承等行业，实现了线上学习、成年教育、文化传承等功能。平台在数字文化治理下既是服务大众的文化机构，也对数字文化资源实现了配置上的优化，此外平台间还要实现资源的再整合，服务于数字治理的大管理理念。例如上海市对服务平台、政府平台融合集成，打通了 PC 端和移动端的用户体系，使两个平台用户数据互通互联。一网通办作为上海市数字政府的重要举措，其门户网站开通了市委领导信箱、市政府领导信箱、人民建议征集信箱、12345 网上受理平台四大常态反馈渠道。

三、树立政府与市场协同治理的管理理念

既要树立宏观政策导向，又要树立市场导向，重点是将产业化与市场化思维运用到数字文化治理中。数字文化治理不是政府的"一言堂"，随着数字经济的发展，市场主体的创新、活跃市场作用逐渐凸显，因此数字文化治理要树立政府与市场协同治理的管理理念。要以政府为数字文化治理的核心，突出宏观政策方向上的把控，以宏观政策作为导向，还要注重市场主体的积极创新作用，注重市场的合理导向性。注重市场导向的核心是将产业化与市场化思维运用到数字文化治理中来，数字经济变革的体现，一方面是产业上的，另一方面则是市场上的。数字经济的产业有两个态势，一个是传统产业拥抱数字化转型，另一个是新兴数字技术形成的新产业，因而无论是给产业还是市场都带来了深刻激烈的变化。而这些市场主体都产生了巨量数据资源与数字文化资源。因而要融入产业化与市场化的思维，例如在传统文化场馆的数字化更新进程中，对其数字文化资源进行资产化管理，用市场化思维对数字资产、数字文化产品的交易流通进行规范管理与监管。

第二节　推动复合型数字文化治理人才培养

数字文化治理时代的客观治理环境、社会环境较之工业时代也发生了变化，由此导致数字文化治理人才的客观需求也发生了变化。

第一，数字文化治理人才的素养需求多元性。新技术、新产业、新治理是要靠创新驱动的，而创新驱动的核心是人才。人才是推动产业发展、行业进步的决定性因素。但是数字文化治理时代的人才往往不同于以往工业时代专注于单一学科的人才，而是具有多元性的特征。数字文化治理时代，数字文化人才的需求具有交叉性、融合性、创新性、实践性。数字治理人才的综合素养要求、客观环境的要求都较高，主要体现为要有关于数字技术与相关文化产业的知识储备。一方面要能熟练运用数字技术。数字文化治理人才首先要是数字人才。清华大学经管学院互联网发展与治理研究中心主任陈煜波教授给出了数字人才的定义：拥有ICT（信息、通信和技术）专业技能的人才，以及与ICT专业技能互补协同的跨界人才。[①] 另一方面要对数字治理的处境、学科交叉融合的特性有相关知识素养储备。

第二，数字文化治理人才面对环境的复杂性与快速变化性。数字技术的变革推动衍生了新的文化特征，数字技术依托于互联网的传播、应用，不仅提高了信息传播速度与社会运行效率，也形成了独特的数字文化。数字文化是数字技术与文化内容的交叉领域，因此数字文化既包含文化的数字性，也涵盖数字的文化特征。

第三，数字文化治理人才的实践性。数字经济引领产业变革与数字技术革新，数字文化治理人才需要在激烈变化的环境中践行数字化治理的理念，

---

① 毛献峰，范艳芹，董鹏. 将数字人才意识融入通信电子类高校人才培养路径研究——以南京邮电大学为例［J］. 高教学刊，2018（15）：158-160.

针对复杂且快速变化的问题、场景进行治理，深刻要求人才具备实践、认识、再实践、再认识的实践认识论思想，要在实践探索中紧跟时代发展潮流，才能契合本国数字文化治理的大势。

推动数字文化治理创新要以数字文化治理人才来推动，因而首先要加强数字文化治理人才的培养，具体的措施分为以下三个方面：

一、完善数字文化治理人才培养的政策规划

数字文化治理人才的培养首先要在理念上更新，从人才培养的宏观政策规划层面有计划地培养人才，要注重数字文化治理人才培养的长期性、综合性、实践性等特征，在具体的数字文化治理人才培养计划中要突出与具体文化机构业务运用的实践性，如"浙江省公共图书馆拔尖人才"培育计划，根据图书馆客观需求，从用户研究与服务、图书馆推广和品牌建设、新技术应用等方面开设具体课程，还与其他图书馆开展交流实践活动。完善政策指引与相应规划，用人单位培养人才时根据规划可以培养更符合单位业务、服务需求的人才，在培养中也可以结合实践，更好提升业务能力，节约了客观时间成本与磨合成本。同时要树立长期培训、继续学习的理念，即数字文化治理的人才需要不断更新理念、知识、技能、素养，与时俱进而不是踏步不前，要制定全面、长期的数字文化服务人才培养规划，要不断提升数字文化治理人才的综合水平素养。

二、推进数字文化治理人才的学科转变

数字文化治理人才的学科建设首先要加强跨学科建设。跨学科要以现实问题的研究和解决为依托，超出单学科研究的视野，关注复杂问题或课题的全面认识与解决。跨学科建设要有明确的、整合的研究方法与思维模式，旨在推动新认知，鼓励在跨学科基础上完成创新与创造。高校是推进跨学科建设的前沿阵地，国内一些高校已经推出了一些学科的跨学科建设，如清华大

学的"化学—生物学基础科学班"、武汉大学的"数理经济与金融试验班"等。在数字文化治理人才建设视角下推进跨学科建设，要注重学科间的整合以及核心概念的凸显，优先要注重授课体系的多元化，具体来说分别是教师体系、授受课程及学科教材的多元化。

（1）授课教师的知识素养需要具备跨学科特征，不能局限在单一学科框架内。

（2）教授课程也要多元化，要培养学生对相关衍生学科的基本知识，因为数字文化治理要建立多元知识、多元主体下的多元治理格局。

（3）教材要与时俱进，及时更新，注重数字经济时代理论、知识、学科新变化。

总而言之，跨学科建设的核心是注重数字文化治理中协同治理、政府主导、多元技术等概念与相关知识体系的建立学习。

数字文化治理人才的学科建设其次要推进新文科建设。新文科建设是指哲学社会科学与新一轮科技革命和产业变革交叉融合形成交叉学科、交叉融合学科及交叉专业的新文科的一系列建设事项和建设工作。数字经济下的变革来势汹汹且将会给各方面带来巨大变化，人的发展要在新的生产发展语境中寻求破局，如马克思所说要实现人的全面自由的发展。新文科建设应以人的需求发展为中心，以数字治理的发展为导向，坚持面向未来、面向全体、因材施教、交叉融合原则，探索更加多样化和个性化的人才培养模式，培养具有创新创业能力和跨界融合能力的新型人才。

数字文化治理人才的学科建设最后要深化营造数字治理、文化产业、数字产业的文化氛围。在产学研一体化的人才培养体系中加强数字文化的氛围，加强学科体系建设，对已经过时的教材及时更新换代，对人才的培养以选修、比赛、社团活动等形式加入交叉学科的学习。在实践课程中引入前沿知识，而非只是对书本知识进行重复，积极开展产学研上下游耦合教学活动，激发人才的创新活力。例如，山东省举办文化馆从业人员业务技能大赛，为各文化馆的业务人才搭建了交流、学习、提高和检验的平台，提升精品创作能力、加强了文化人才队伍的综合能力和业务素质建设。

三、创新数字文化治理人才的管理机制

人才管理是数字化治理的工作重点，数字化治理要通过数字技术提高政府的工作效率，要通过管理的数字化提升强化业务服务协同创新，要把传统人才分工合作的管理模式转变为协同创新治理体制。

第一，对数字文化治理人才的业务服务模式进行转变。数字文化治理人才不同于传统政府治理模式中一对一、上下级的单线办公服务模式，而是要切实面对社会化、市场化、资产化的数字文化的资源进行治理，实现政府在数字时代的高效治理与人的新需求的满足，因此需要面对的问题、场景、变化是多元的、复杂的、剧烈的，要保持实践认识再到实践再到认识的实践与认识结合过程与积极进取的探索创新精神，面对复杂的数字文化治理问题积累实践经验，运用数字技术与数字思维，不断提升治理效率与效能。

第二，建立合理的绩效管理机制，可以委托第三方机构设置人才培养考核体系，依据数字文化治理的具体场景、应用、服务实践来设立人才培养考核指标，建立指标库，选取能够切实反映人才工作内容与工作性质的指标，结合业务服务能力与文化治理实践进行综合评估。

第三，实现人才的健康发展。习近平多次强调要不唯地域引进人才，不拘一格用好人才。数字治理人才必然是一个奖励机制灵活、流动性高、技术技能成熟变革的群体，要形成与时俱进的管理体系。

第三节　推动数字文化治理技术创新

数字技术是一项与电子计算机相伴相生的科学技术，主要实现的是信息

的数字化。在数字治理时代，数字技术成为推动数字治理创新的主要动力。但数字技术在数字文化治理时代也面临新的挑战。

第一，数字技术在数字文化治理创新中的具体结合、创新应用还需要一定的磨合与实践。具体体现为文化机构间的数据标准需要统一，数字技术在运用过程中需要与具体业务磨合，文化机构负责人、工作人员需要学习加强数字技术相关知识等。文化机构在数字文化治理进程中，往往数字化程度不一，对于数据资源、数字文化资源的数据口径、数据标准也不一样，需要进行协调统一。

第二，数字技术的发展易陷入"唯技术论"。数字技术在数字文化治理中固然重要，但其本质仍是数字现代化治理的工具，数字文化治理的核心是利用数字技术以新的治理理念对治理环境在数字经济时代激烈技术革新与产业变革实现高效治理，实现治理理念、模式的现代化。

第三，数字技术可能引发网络数字安全问题。数字技术是数字经济时代新的生产工具，数字文化呈现一定的网络空间特征，而数字技术可能被不法分子利用，窃取私人数据进行违法交易活动，因而需要针对网络安全问题进行防范与及时处理，文化机构要注意游客、访客数据的合理存储。

数字文化治理创新需要运用到新的数字技术，加强数字技术的创新。以数字技术推动数字文化治理创新主要分为以下三个方面：

一、推动数字技术创新构建技术治理生态

数字经济时代涌现出了许多新技术，带来了新理念，数字文化治理必将是在治理主体高度数字化、与数字技术高度结合下的治理体系的现代化。

第一，不断推动相关数字技术发展。如大数据技术，数字文化治理首先需要大体量的数据，数据是生产要素，是数字治理的基石，全国各地许多省份都建立了大数据局、大数据统筹局等机构。又如 5G 技术，关系到经济、社会的各行业各领域，是支撑经济社会数字化、网络化、智能化转型的关键

新型基础设施。再如人工智能技术，不仅应用于数字文化治理具体场景的资源利用、业务服务，而且是更多智能化的自主运行系统的技术基石。不仅如此，还有云计算、区块链等更多前沿数字技术。

第二，构建技术治理生态。将技术运用到数字文化治理的具体业务、场景中来，要具体、灵活、能动地运用数字技术。现在全国各地的数字治理发展水平不一，一方面是各地相关人才储备不一，另一方面是政府主要领导的数字治理理念不一，甚至有的地方的治理数字化只是表面工程，事实上很多场景还在运用纸质文件，两套治理模式并行，反而加大了治理过程中的成本。因此需要不断推进数字技术的创新，同时加强数字技术的应用，形成从数字技术发展到数字文化治理工具再促进数字技术发展的良性生态。

二、构建数字技术平台化系统化治理工具

要推动数字技术在数字文化治理中的创新，需要形成数字技术治理路径，在数字技术的运用过程中，通过系统化、平台化的构建，形成数字治理工具。

一是机构的平台化。平台化是一种分工合作，即由专门人员负责一定的共性工作，再对外部机构提供标准化业务服务。在数字文化治理进程中，大数据局等大数据机构都可以视为机构平台化的产物，它们采集数据，而后在内部进行加工处理，外部机构调用相关数据时则可以享受到低数据处理成本的统一数据标准的服务。

二是工具的平台化。较为典型的例子是 Windows 等操作系统。与早期电脑操作系统不同，新一代的操作系统没有复杂冗余重复的指令输入，而是更加人性化、智能化，操作方式也更为简单易懂，即其具体技术细节被内化为操作系统的后台运行过程。数字文化治理也可以通过这样的工具平台化来实现，例如文化场馆构建系统平台，可以直接利用相似的数字化系统来进行构建，只需要编写一些特殊、具体应用命令即可，即数字文化治理通过具体数字技术的应用，实现机构平台化与工具平台化，从而大大加速了数字文化治理整体的数字化进程与数字技术契合程度，节省了时间成本与技术成本。

三、构建技术赋能的数字文化治理体系

通过数字技术的运用构建技术治理生态，以平台化、系统化的数字技术体系形成治理工具的完善革新，还要实现技术赋能的数字文化治理体系的构建。

一是连接。数字技术连接了文化治理机构，连接了人民大众，连接了众多治理主体与被治理主体。

二是赋能。赋能的核心是提升了数字文化治理的效能，数字文化治理能以更低成本、更快信息传输、更优化资源配置、更多形式或方式实现治理。

三是实现协同。即治理主体间的协同，文化机构间的协同，机构与个人之间的协同。如文化机构网站的外部链接只是最低的互动，协同的本质是实现了规模化、规模效应，降低了成本，以高频率协同合作优化了数字文化治理路径。

四是实现治理体系的重构。通过数字技术的运用实践与进一步优化，实现整个数字文化治理体系、治理主体、治理组织的数字化重构。

第四节 推动数字文化内容生产创新

从数字政府治理视角看数字文化，可以分为公共数字文化、公益性数字文化等维度。公共数字文化是数字文化与公共文化融合而成的新的文化类型，不仅有社会服务的资源性质，也有社会管理的政策性质。公共数字文化治理能力是政府和社会等治理主体在公共数字文化建设和服务中的能力，是一个复杂的综合概念。① 公益性数字文化是指以国家财政投入为主，以满足广大

---

① 倪菁，郑建明，孙红蕾．公共数字文化治理能力的现代化［J］．图书馆论坛，2020，40（1）：1-5，12.

人民群众基本的数字文化需求为目标，以资源数字化、传播网络化、技术智能化、服务泛在化、管理实体化为表现形式，具有公益、普惠、均等、公开、透明、互动等特征的一种文化形式。① 在数字经济时代背景下，数字技术革新与产业变革也给数字文化治理视角下数字文化内容生产带来了新的挑战。

第一，数字文化机构的重要性亟须得到彰显。数字文化机构是本国数字文化治理的主体，一方面完善了大量传统文化内容的数字化转型，丰富了数字文化产品，另一方面弘扬了社会主义核心价值观，加强了社会治理体系构建，但是数字文化机构的作用在充斥着各种各样数字文化的市场中凸显不强。

第二，数字文化内容消费市场中的原有生产者、消费者二元关系瓦解。数字经济时代公众可以更加开放地表达政治观点、彰显生活美感、抒发表达张力，数字文化内容可以被每一个人生产，更容易被他人转播、扩散，更容易被社会发现、接纳。公众消费数字文化内容，也生产数字文化内容，文化生产者与普通大众消费者的二元对立文化消费结构被打破。

第三，数字知识产权保护力度不够。要激发数字文化内容生产创新，需要市场激励制度，而现阶段本国的数字文化内容生产模仿抄袭与同质化现象严重，就是没有建立健全数字知识产权保护的机制。个人的数字文化作品一经传到网上，被复制粘贴改名的现象较为严重。

数字文化治理时代的数字文化内容生产产生了新的特征与生产过程，在数字文化治理视角下推动数字文化内容生产创新主要分为以下四个方面：

一、确立文化机构数字文化产品推手作用

数字文化治理场景下的数字文化内容生产创新要靠现有文化机构发挥主要推手作用，促进优秀文化资源数字化，如对艺术品、文物、非物质文化遗产等文化资源进行数字化转化和开发，依托文化文物单位馆藏文化资源开发

---

① 戴艳清.公益性数字文化资源整合：现状、瓶颈与对策——以湖南为例［J］.图书馆论坛，2015，35（6）：41-47.

数字文化产品，提高图书馆、艺术馆等文化场馆的数字化智能化水平，创新交互体验应用，带动公共文化资源和数字技术融合发展。在实现优秀传统文化资源的创造性转化和创新性发展过程中，数字文化服务机构既是数字文化治理的治理主体，又是数字文化内容生产的生产平台。要推动数字文化机构、场馆在数字文化内容生产中加速数字化转型，推动优秀传统文化形式、内容数字化转型，弘扬优秀传统文化，推进社会主义核心价值观传递。

二、激发相关市场主体的创新活力

数字文化不仅包括文化机构生产的数字文化产品，它还涵盖了多元的内容，因而其数字文化内容生产也是多元主体，不仅有传统文化机构的文化资源数字化，也包含更多企业、产业、组织在市场日常经营活动所产生的新的数字文化，这些新的数字文化生产机构不同于传统文化场馆，具有较强的活力与创新意愿，要进一步激发其创新活力，加强其产业创新，如动漫产业、游戏产业、网络文化产业等。但同时，这些多元化市场主体的数字文化创新行为往往在一定程度上带有现代资本主义意愿与后现代精神弊病，这就要求政府、行业组织、协会等发挥监管者与监督者的作用，进行一定的监管限制，要在符合社会主义核心价值观的要求与顺应时代潮流发展的前提与内核下进行数字文化内容生产创新。

三、推动生产者消费者良性互动与身份转化

数字技术拓宽了文化内容生产的范围，改变了文化内容消费的结构，突破了信息传播的限制。以往文化生产的消费者与生产者是有隔阂的，文化内容生产者往往不能对市场情况进行细致调查研究，文化内容也不一定契合市场、社会需要，甚至有的作品至今无人问津，而现在消费者能够更快更准确地找到感兴趣的文化内容，甚至直接接收到平台推送。生产者与消费者的身份隔阂也在无形中渐渐消弭，因此一方面要加强生产者消费者的良性互动，

以更深层次、更微观的互动关系加强二者交流沟通，如网页评论、视频内容的弹幕、豆瓣评价等方式；另一方面要推动二者的身份积极转化，平台可以通过创作激励、首页推送等手段激发软件使用者的创作热情，强化大众参与生产消费。数字文化时代的人既是数字文化的生产者也是数字文化的消费者，文化成为大众参与生产和消费的社会存在物，生产者和消费者已经获得了一定程度上的同一性，后现代"人人都是艺术家"的愿景渐渐成为现实。生产者消费者身份的对立状态消失与身份转化还有利于生产更为市场青睐的数字文化产品，因此推动生产者消费者的良性身份转化有助于生产更多更优质数字文化内容。

四、凸显政府立法者角色保障数字权益

数字文化是数字文化生产主体创新的产物，数字文化产品在数字市场上进行流通，同时也具有商品属性，因而促进数字文化内容的生产一定要保证文化内容生产者的合理利得，即要确认其产权属性。以往的数字文化产品如短视频、微信公众号的文章等因为复制粘贴较容易，易被人盗取转载传播，而这类数字文化产品因维权成本大、立法不明确等原因又客观造成了盗取行为的猖獗。因此，首先要从法律上确立数字文化产品作为数字资产的地位，完善其产权属性，从具体的运用场景、惩处力度等方面做出规定。其次要加强落实法律法规的具体实施，例如，我国 2004 年就已经推出了电子签名法，而直到今天电子签名的应用频率仍然不高，在数字技术"井喷式"快速发展的今天，能否应用数字技术开发电子签名等数字产权确立手段的具体应用，是值得商榷与探索的。

第五节　推动数字公共文化服务能力提升

　　数字公共文化服务是公共文化服务与数字文化结合，面向广大人民群众的公益性文化服务。我国的公共数字文化发展以国家项目为基础，国家数字网络为支撑，国家与地方共建，不仅承担了公共文化服务、全民素质提升、文化扶贫等重要任务，同时也是国家文化管理向文化治理转变的重要方式。①数字文化治理是通过新兴数字技术的运用而提升的。数字文化治理一个很重要的部分就是数字公共文化服务能力。而数字公共文化服务能力也面临一些挑战。

　　一是数字公共文化服务的理念尚未转变，尚未完全树立服务型政府的治理理念。数字经济带来了深刻的技术变革与产业实践，以往治理时代办公人员在窗口等待办事人员办理事宜，但是现在客观的技术手段与平台系统都得到了较好的发展与建设，那么就应该立即转变服务思维、服务方式，从被动等待到主动提供数字公共文化服务，向服务型政府转变。这样的转变首先要从政策引导入手，要下达相关的政策文件，并将数字公共文化服务能力逐步纳入地方政府政绩考核的指标体系中来。

　　二是数字公共文化服务能力的评价指标较为单一。以往的评价指标往往只考察地方政府是否建立了政务网站、是否配备相应数据库等，而忽视了这些数字公共文化服务平台的实际效用，也会客观造成只建不管等懈怠行为，因此需要更新引进多元服务能力评价指标体系。

　　三是数字公共文化服务中对数字技术的运用有待加强，技术赋能数字公共文化服务能力提升的路径还有待进一步探索挖掘。

---

　　①　王淼，郑建明．公共数字文化治理能力现代化基本构成及特征分析［J］．图书馆，2018（10）：19-23，28.

数字文化治理时代给数字公共文化服务能力提出了新的要求，要加强数字公共文化服务能力，主要分为以下四个方面：

一、树立建设服务型政府的治理理念

数字治理时代，政府治理的模式已经转变，在数字公共文化服务的场景中，服务的方式、思维、理念也要进行相应的转变。首要的是树立建设服务型政府的治理理念。数字经济时代之前的公共文化服务是被动型的，例如政府出资建设文化场馆，即美术馆、图书馆等。而数字公共文化服务则要求主动型服务，要求在客观技术手段与服务平台都得到了一定发展与建设的基础上提升服务的能力以及进行理念的转变。服务型政府要完全从人民需要出发，以为人民服务为宗旨，要回应社会和民众的要求并积极采取行动加以满足，即以最快的反应提升数字公共文化服务能力，强调民众参与并积极反馈，根据反馈建议及时做出调整与改善，保证人民的意志能得到最大限度地体现，能自由选择服务内容、类别、机构及人员等。

二、强化政府服务能力提升政策性引导

树立建设服务型政府的治理理念是从思想上进行转变，落实到具体行动上，则需要强化政府服务能力提升的政策性引导。中国是一个地域庞大的国家，各地之间的数字经济发展存在较大差异，政府间的数字公共服务文化理念也不尽相同，因此需要加强相关的政策性引导，要从国家宏观治理体系的建设上推动数字公共文化服务能力的提升。我国各地数字经济有不同的发展模式，有长江经济带的点轴模式、京津冀地区的极核模式、广东的多级网络模式等，因此政策性引导也要根据各地的数字公共文化特点进行因地制宜的改变。如四川地区的非物质文化遗产等资源较为丰富，则可以加强对非遗文化资源的数字化及相应服务的开发。除此之外，政策引导还要关注社区价值观、政治规范、职业标准以及公共利益等内容。

三、引进多元服务能力指标评价体系

针对以往评价体系粗犷、单一的问题，要建立多元化的数字公共文化服务评价体系。数字公共文化服务的评价首先要以用户为核心，即以大众的服务满意度为主要衡量，而非仅仅是文化场馆的建设完成度。其次是评价指标要多元，所选取的指标要能客观反映用户满意度，如对某个模块的平均访问时间、评论的点赞量等。在具体评估中，可以采取主观评价与客观评价相结合的方法。主观评价法主要依靠相关专家、社会公众对评价对象基于主观感受进行打分评价，常见的主要有专家评价法、民众评价法等。而客观评价法主要对客观行为的具体数据做出评价，如对访问量、点击量、平均访问时间、访客年龄等数据进行评价。

四、应用先进技术提升文化服务能力

数字公共文化服务是以数字技术为基础，推进数字公共文化服务能力提升必然要以数字技术的发展应用为主要推手。数字技术的发展具有快速性与实践性，一方面要积极引进相关技术人才，要紧跟时代科技发展，不断提升文化场馆建设数字化水平；另一方面要加深数字技术的具体应用，在数字技术的具体场景实践中使技术与政策目标结合，降低成本，提升效能，并进一步加强数字基础设施建设。以数字技术的具体应用为例，可以建设智慧平台。智慧主要就体现利用技术、创新实现公共文化服务的集成，以实现资源转化效率提高、服务优化、满意度提高。智慧旅游是数字公共文化服务的主要建设方向之一，如故宫博物院"智慧开放项目"。"智慧开放项目"是由"玩转故宫"小程序升级改进而来，除了对原有的地图导航服务继续优化，还拓展了在线购票、预约展览、消费购物等功能，并基于用户满意度评价与实时网络监管，增加了游客参观舒适指数查询、无障碍路线查询等功能。

参考文献

［1］ Brain Arthur. Increasing Returns and the New World of Business ［J］. Harvard Business Review, 1996 (7): 100-109.

［2］ Don Tapscott. The Digital Economy: Promise and Peril in the Age of Networked Intelligence ［M］. New York: McGraw Hill Companies, 1996.

［3］ Edwin Mansfield, Fritz Machlup. The Production and Distribution of Knowledge in the United States ［J］. Journal of the American Statistical Association, 1962 (58): 1166.

［4］ Fritz Machlup. The Production and Distribution of Knowledge in the United States ［M］. Princeton: Princeton University Press, 1973.

［5］ Gareth Williams, Fritz Machlup. The Economics of Information and Human Capital. Volume Ⅱ of Knowledge: Its Creation, Distribution, and Economic Significance ［J］. Economica, 1985 (52): 514.

［6］ George A. Akerlof. The Market for "Lemons": Quality Uncertainty and the Market Mechanism ［J］. The Quarterly Journal of Economics, 1970, 84 (3): 488-500.

［7］ George Stigler. The Economics of Information ［J］. Journal of Political Economy, 1961, 69 (3): 213-225.

［8］ Jacob Marschak, Miyasawa Koichi. Economic Comparability of Information Systems [J]. International Economic Review, 1968, 9 (2): 137-174.

[9] Jacob Marschak. Economics of Information Systems [J]. Journal of the American Statistical Association, 1971 (66): 192-219, 333.

[10] Jacob Marschak. Economics of Inquiring, Communicating, Deciding [J]. The American Economic Review, 1968, 58 (2): 1-18.

[11] John Flower. Internet Economic: The Coming of Digital Business Era [M]. Texas: Worldwide Concert Corp. , 1997.

[12] Kenneth Joseph Arrow. The Economics of Information (Vol. 4) [M]. Massachusetts: Harvard University Press, 1984.

[13] Marc Uri Porat. The Information Economy: Definition and Measurement [M]. United States, Washington, Superintendent of Documents, U. S. Government Printing Office, D. C. 20402 (Stock No. 003-000-00512-7), 1977.

[14] Neal Lane. Advancing the Digital Economy into the 21st Century [J]. Information Systems Frontiers, 1999, 1 (3): 317-320.

[15] Nicholas Negroponte. Being Digital [M] . Pennsylvania: Coronet Books, 1996.

[16] Organisation for Economic Co-operation and Development. OECD Factbook 2015 - 2016: Economic, Environmental and Social Statistics [R] . OECD Publishing, Paris, 2016.

[17] Robert D. Hamrin. A Renewable Resource Economy [M]. Massachusetts: Praeger, 1983.

[18] Thomas Mesenbourg. Measuring the Digital Economy [J]. United States Bureau of the Census, 2001 (1): 1-19.

[19] W. Brian Arthur. Complexity and the Economy (1st edition) [M]. Oxford: Oxford University Press, 2014.

[20] [美] T. G. 勒维斯. 非摩擦经济——网络时代的经济模式 [M].

卞正东等译．南京：江苏人民出版社，1999.

［21］［美］保罗·霍肯．商业生态学：可持续发展的宣言［M］.夏善晨等译．上海：译文出版社，2007.

［22］［美］丹尼尔·贝尔．后工业社会的来临——对社会预测的一项探索［M］.高铦等译．北京：新华出版社，1997.

［23］［美］卡尔·夏皮罗，［美］哈尔·瓦里安．信息规则：网络经济的策略指导［M］.张帆译．北京：中国人民大学出版社，2000.

［24］［美］凯文·凯利．新经济，新规则［M］.刘仲涛等译．北京：电子工业出版社，2014.

［25］［美］约翰·弗劳尔．网络经济：数字化商业时代的来临［M］.梁维娜译．呼和浩特：内蒙古人民出版社，1997.

［26］［以］奥兹·谢伊．网络产业经济学［M］.张磊译．上海：上海财经大学出版社，2002.

［27］［英］雷切尔·格林，格林，李亮之等．互联网艺术［M］.上海：上海人民美术出版社，2016.

［28］白暴力，白瑞雪．现代产权理论与中国产权制度改革［M］.北京：经济科学出版社，2016.

［29］白暴力．中央特色社会主义产权制度研究［M］.北京：经济科学出版社，2015.

［30］陈世青．对称经济学［M］.北京：中国时代经济出版社，2010.

［31］陈顺．基于云计算的公共数字文化服务技术支撑平台建设——福建省数字图书馆推广工程建设的探索与实践［J］.国家图书馆学刊，2012，21（5）：66-70.

［32］陈颖源，郭志顺．信息经济和信息价值［J］.经济科学，1983（2）：50-57.

［33］戴艳清．公益性数字文化资源整合：现状、瓶颈与对策——以湖

南为例［J］.图书馆论坛，2015，35（6）：41-47.

［34］邓纯东．当代中国文化治理体系和治理能力现代化的理论反思［J］.湖湘论坛，2018，31（6）：13-22，2.

［35］二十国集团．二十国集团数字经济发展与合作倡议［EB/OL］.（2016－09－20）［2022－02－22］.http：//www.g20chn.org/hywj/dncgwj/201609/t20160920_3474.html.

［36］高鸿业．西方经济学（微观部分·第七版）［M］.北京：中国人民大学出版社，2018.

［37］葛扬．社会主义初级阶段基本经济制度的历史逻辑与理论创新［J］.四川大学学报（哲学社会科学版），2018（5）：5-14.

［38］国家统计局．战略性新城产业分类2018（国家统计局令第23号）［EB/OL］.（2018－11－16）［2022－02－22］.http：//www.gov.cn/zhengce/zhengceku/2018-12/31/content_5433037.htm.

［39］国务院．国务院关于加强数字政府建设的指导意见［EB/OL］.（2022－06－23）［2022－07－08］.http：//www.gov.cn/zhengce/content/2022－06/23/content_5697299.htm.

［40］国务院．国务院关于印发"十四五"数字经济发展规划的通知［EB/OL］.（2022－01－12）［2022－02－22］.http：//www.gov.cn/zhengce/content/2022－01/12/content_5667817.htm.

［41］韩春梅，李侠，张玉琢．农村基层治理的技术契合与创新进路［J/OL］.重庆大学学报（社会科学版），2020：1-12［2022－02－22］.http：//kns.cnki.net/kcms/detail/50.1023.C.20200310.1740.004.html.

［42］韩东林，吴瑞，夏传伟．数字技术应用对中国文化产业发展的冲击效应研究［J］.中国科技论坛，2020（2）：46-53.

［43］胡惠林．国家文化治理：中国文化产业发展战略论［M］.上海：上海人民出版社，2012.

［44］胡惠林．文化产业学［M］.北京：高等教育出版社，2006.

［45］胡曼妮.1+X制度下高职电子商务专业人才培养模式改革探索［J］.质量与市场，2022（1）：64-66.

［46］黄少安．产权经济学导论［M］.北京：经济科学出版社，2004.

［47］江小涓．数字时代的技术与文化［J］.中国社会科学，2021（8）：32.

［48］姜奇平.21世纪的网络经济［J］.广东金融电脑，1999（7）：11-15.

［49］美国商务部．浮现中的数字经济［M］.姜奇平等译．北京：中国人民大学出版社，1998.

［50］蒋敏娟．地方数字政府建设模式比较——以广东、浙江、贵州三省为例［J］.行政管理改革，2021（6）：51-60.

［51］景小勇．国家文化治理体系的构成、特征及研究视角［J］.中国行政管理，2015（12）：51-56.

［52］孔少华，李成飞．我国文化科技管理工作四十年回顾（1978—2018）［J］.今日科苑，2019（11）：64-73.

［53］李春华．文化生产：满足人民群众对美好生活需要的重要力量［J］.人民论坛，2019（25）：134-135.

［54］李春华．文化生产力：满足人民群众对美好生活需要的重要力量——国家哲学社会科学成果文库入选成果《文化生产力与人类文明的跃迁》展示［J］.思想政治教育研究，2018，34（2）：158-160.

［55］李凤亮，单羽．数字创意时代文化消费的未来［J］.福建论坛（人文社会科学版），2018（6）：44-49.

［56］李乔宇．鲸探拓展"大文化"收藏边界［N］.证券日报，2022-01-29（A03）.

［57］刘健．博物馆数据可视化的探索与实践——以上海博物馆数字化建设为例［J］.博物院，2019（2）：91-97.

［58］陆杰华，韦晓丹．老年数字鸿沟治理的分析框架、理念及其路径选择——基于数字鸿沟与知沟理论视角［J］.人口研究，2021，45（3）：17-30.

［59］罗卫．基于大数据的公共文化服务精准供给模式分析［J］.科技风，2019（27）：69，77.

［60］罗小艺，王青．从文化科技融合到数字文化中国：路径和机理［J］.出版广角，2018（10）：6-9.

［61］马骁，周克清．财政学［M］.北京：高等教育出版社，2019.

［62］毛丽娟，浩布尔卓娜．数字经济时代下文化创意产业发展路径研究［J］.黑龙江社会科学，2020（2）：56-60.

［63］毛献峰，范艳芹，董鹏．将数字人才意识融入通信电子类高校人才培养路径研究——以南京邮电大学为例［J］.高教学刊，2018（15）：158-160.

［64］倪菁，郑建明，孙红蕾．公共数字文化治理能力的现代化［J］.图书馆论坛，2020，40（1）：1-5，12.

［65］聂佳志．基于云计算技术的图书馆公共文化服务效能提高方案研究［J］.图书馆学研究，2014（9）：24-27.

［66］热点我见．我国数字经济发展现状及未来前景［EB/OL］.（2022-03-07）［2022-02-22］.https：//baijiahao.baidu.com/s？id=1726602030045301679.

［67］赛娜．数字技术促进文化消费创新发展的机制与趋势分析［J］.商业经济研究，2021（6）：57-59.

［68］沈费伟，叶温馨．数字乡村政策扩散的现实困境与创新路径——基于衢州市柯城区的案例分析［J］.中共杭州市委党校学报，2020（6）：44-50.

［69］数字中国研究院．新兴的数字经济：美国国家商务部最新年度报告［M］.北京：中国友谊出版公司，1999.

的应用［J］.国家治理，2019（43）：43-48.

［96］杨勤.图书馆开展旅游文化服务初探［J］.图书馆建设，1994（4）：65.

［97］于安龙.从抗击疫情的伟大斗争看"中国之治"［J］.理论导刊，2020（5）：92-96.

［98］［日］增田米二.尖端社会——信息与机器人革命［M］.东京：TBS株式会社，1982.

［99］张可.大数据背景下公共文化服务体系创新研究——以贵州省"多彩贵州文化云"为例［J］.大众文艺，2019（23）：10-12.

［100］张宽.网络经济对经济增长的空间效应研究［D］.西北大学硕士学位论文，2018.

［101］张铮.数字文化产业体系与效应［M］.北京：新华出版社，2021.

［102］章忻.发挥优势推进共同富裕示范区建设［N］.浙江日报，2022-03-17（004）.

［103］赵红川.信息化发展与公共文化服务变革［M］.北京：社会科学文献出版社，2012.

［104］中国信息通信研究院.中国数字经济发展白皮书（2020年）［R/OL］.（2020-07-02）［2022-02-22］.http：//www.caict.ac.cn/kxyj/qwfb/bps/202007/t20200702_285535.htm.

［105］中研普华产业研究院.2021—2025年中国数字文化创意行业现状及发展趋势报告［R/OL］.（2021-09-13）［2022-02-22］.https：//www.chinairn.com/scfx/20210913/150005928.shtml.

［106］周荣庭，张欣宇.数字创意产业融合发展研究［J］.江淮论坛，2020（2）：79-85.

［107］朱宁宁.革命老区民族边疆贫困地区是服务保障短板　重点推动基本公共文化服务均等化［N］.法治日报，2017-02-07.